COMMENT [NE PAS] DEVENIR PARISIEN EN 8 LEÇONS

Caroline Rochet

COMMENT [NE PAS] DEVENIR PARISIEN EN 8 LEÇONS

J'AI LU

Ce livre est la réédition de *Comment (ne pas) devenir parisien*, paru en 2012.

Pour Joseph et Victoria,
mes petits Parisiens

SOMMAIRE

INTRODUCTION

Vous vivez sur une autre planète (c'est-à-dire au-delà du périphérique) ? Vous venez d'emménager à Paris et observez avec effarement et fascination les mœurs des indigènes ? Le parisianisme vous fatigue ? Ou bien, au contraire, vous êtes un autochtone de la « plus belle ville du monde », et revendiquez votre appartenance avec fierté (d'ailleurs très couleur locale, la fierté) ?

Ce livre est fait pour vous. Page après page, découvrez les conseils qui vous mèneront pas à pas (... ou pas) dans la peau du parfait habitant de la capitale française. De la façon de marcher à celle de s'habiller, des attitudes au vocabulaire en passant par les travers et qualités, ainsi que les lieux où manger, sortir, boire un verre, draguer, « shopper », traîner d'un air blasé (très couleur locale également, l'air blasé), apprenez tous les secrets des Parisiens, afin de mieux intégrer cette étonnante et merveilleuse espèce !

À noter : vous pouvez également utiliser ce livre pour vous gausser d'eux sans vergogne. Personne ne vous en voudra, bien au contraire. Mais sachez que tout est à prendre au douzième degré, puisque l'auteur est tout de même irrémédiablement parisienne, et indécrottablement amoureuse de sa ville et de ses habitants...

À Paris, visitez un univers magique où chacun est le roi incontesté du monde (ce qui fait beaucoup de rois, mais quand on aime on ne compte pas), où le métro fait office de résidence secondaire, où Boulogne et Montrouge sont considérés comme des régions de province (tandis que la Creuse ou le Loiret apparaissent comme de lointains pays exotiques), où il est normal de mieux connaître le barman d'une boîte que son propre voisin de palier, où risquer sa vie en traversant la rue est une danse quotidienne joyeusement rythmée par le son des klaxons, où la location mensuelle d'un deux-pièces avoisine le PIB d'un pays d'Afrique, où une boutique qui ferme entre midi et deux n'a positivement aucun avenir, où marcher dans la rue à moins de 7 km/h est considéré comme un attardement mental, et où le shopping suivi d'un café en terrasse est regardé comme une activité sportive furieusement intense. Le tout dans un exquis mélange de pollution et de bruit, agissant comme une drogue sur l'autochtone passionnément amoureux de sa ville. Bref, de chapitre en chapitre, découvrez tous les charmes de la vie à Paris, et devenez-en vite un *addict* !

Ou pas.

Bonne lecture…

Nota bene : *Aucun Parisien n'a été tué ou maltraité pour la réalisation de cet ouvrage. Il reçoit d'ailleurs presque officiellement le soutien de la mairie de Paris (nous ne leur en avons pas encore parlé, mais sommes confiants quant à leur accord). Merci de votre compréhension.*

LEÇON 1

QU'EST-CE QU'UN(E) PARISIEN(NE) ?

*« **Être parisien, ce n'est pas être né à Paris, c'est y renaître.** »*

Sacha Guitry

Ce livre est destiné à décrypter, à analyser, à aimer et à (légèrement) se gausser du Parigot. Mais pour réellement le comprendre ou lui ressembler, avant de savoir comment il sort, mange, s'habille ou se déplace, il faut bien sûr connaître son identité de base. Qui est-il ? D'où vient-il ? Origine, qualités, défauts, apparence, look, névroses et superpouvoirs, portraits-robots du Parisien et de la Parisienne 100 % pur style.

Origines : Parisien(ne), un non-sens

Plus complexe encore que l'actuelle définition du socialisme, l'origine du Parisien reste expressément obscure. Je ne parle pas ici d'une origine lutécienne ou moyenâgeuse, mais bien du Parisien d'aujourd'hui. Comment le définir ? Selon quels critères dire d'une personne qu'elle est « parisienne » ? Parce qu'elle est née ici ? Parce qu'elle connaît la ville par cœur ? Parce que sa famille y a ses terres depuis 1764 ? Que nenni.

Révélation fracassante : LE PARISIEN N'EXISTE PAS. Pas du tout.

Regardez autour de vous, pensez à vous-même, votre famille, vos amis, votre épicier ou vos collègues : il y a de vrais Parigots là-dedans, mais aucun ne possède son certificat *Fluctuat nec mergitur* depuis la nuit des temps. Une fois n'est pas coutume, je vais me prendre pour exemple : née au Maroc (mes parents étaient expatriés là-bas) d'une famille jurassienne, je vis ici depuis l'âge de 3 ans. J'ai brièvement vécu en Turquie, en Espagne, aux Antilles et en Corse. Mon pharmacien est cambodgien, mon épicier tunisien, mon garagiste ukrainien, mon restaurateur préféré libanais, et je vous épargne la diversité culturelle de mes amis. Même ceux qui sont nés ici ont de la famille à l'étranger ou ont un peu vécu ailleurs. Pourtant, tout ce petit monde est définitivement parisien. Alors ? Alors Paris est une merveilleuse toile patchwork, un improbable réseau multiculturel, une salsa dévergondée brassant tout et n'importe qui.

Être parisien, c'est dans la tête. Et surtout dans le cœur.

Nous pourrions en fait déterminer deux conditions express et *sine qua non* pour qu'une personne soit considérée comme parisienne :

1. Vivre à Paris.
2. Aimer Paris.

Point barre.

J'aimerais également citer en troisième condition le bon mot d'une de mes amies (Giulia pour ne pas la nommer) qui, quand je lui ai demandé ce qui qualifiait pour elle le Parisien, a répondu flegmatiquement : « 1. Le fait qu'il n'habite pas en province ; 2. tant mieux pour lui, parce que la province, il ne sait pas où c'est. » Ça se passe de commentaires.

Les jolies qualités des Parisien(ne)s

Le Parisien, ce mal-aimé, attire la critique comme un romancier branché les éloges : de façon systématique et presque totalement imméritée. Car peste, diantre, sacrebleu, non, le Parisien n'a pas que des défauts ! Chic, sociable, festif et curieux, l'habitant de la capitale a aussi des qualités. Découvrez lesquelles.

Bien entendu, je vous vois venir. J'entends déjà les esprits chagrins ricaner.

Pourtant sachez-le, le Parisien et la Parisienne, ces astres magnifiques, ont très exactement huit qualités (si j'en oublie, merci de m'envoyer un courrier à la maison d'édition qui transmettra).

Voici lesquelles :

Le chic

Définition : « Allure élégante, prestance, aspect gracieux. »

Et oui, les Parisiens sont chic. On nous envie dans le monde entier (minimum) notre élégance, cette façon divine que l'on a de s'habiller, de se maquiller, de parler, de se tenir. Oui, les Parisiens sont classieux du dressing. Le Parisien, ou surtout la Parisienne, manque de s'étrangler le foie lorsqu'il ou elle s'aperçoit qu'il n'y a pas de boutique Maje à Saint-Bonnet-les-Oules, ni même de Paul Smith à Nantes. Demandez à n'importe quel Américain ou Japonais ce qu'évoque pour lui le « chic parisien », et vous le verrez immédiatement tomber en pâmoison telle une midinette adolescente au concert de Tokio Hotel. Le trouble passé de Coco Chanel avec l'ennemi allemand a été totalement effacé de l'Histoire, uniquement parce qu'elle est une déesse de la France chic. C'est dire si l'élégance compte du côté de chez nous. J'aimerais tout de même citer Gilles Martin-Chauffier (rédacteur en chef de *Paris Match*) qui, dans son roman *Une vraie Parisienne*, écrit ceci : « À 40 ans, les Parisiennes anéantissent le reste du monde. Elles ont trouvé leur coiffure, leur silhouette, leur couturier, leur ton, et elles mènent la chasse à l'âge où les autres encombrent le rayon mémères. » En résumé, le Parisien a tout simplement bon goût.

Le dynamisme

Définition : « Aptitude de quelqu'un, d'un groupe, à agir avec allant et énergie ; qualité de leurs actions. »

Pour à peu près tous les habitants de la France, et même la plupart des Parisiens eux-mêmes, le problème majeur de la capitale est son stress permanent. Stress que nous aborderons dans les défauts, mais si j'en parle ici, c'est parce que, le Parisien ayant les qualités de ses défauts, Paris est, à cause même de son stress, une ville extrêmement *dynamique*. Vous en conviendrez, voir des gens marcher à 8 km/h en téléphonant/fumant/râlant, sans supporter le moindre blanc dans leur agenda (métro-boulot-expo-apéro-resto-clubbo-dodo), peut bien être qualifié de « dynamisme ».

La curiosité

Définition : « Qualité de quelqu'un qui a le désir de connaître, de savoir. Désir indiscret de savoir. Besoin de savoir quelque chose. »

Oui, oui et oui, le Parisien est curieux. Baigné depuis toujours dans un environnement multiculturel, entouré de gens non clonés, perdu dans l'immensité d'une ville qui change de visage à chaque coin de rue, le Parisien de base apprend à muscler une forte et saine curiosité dès son plus jeune âge. Il se trouve que de toute façon, s'il veut survivre dans cette cité hostile, il y est absolument obligé : sinon, comment pourra-t-il tout savoir sur tout avant tout le monde ? Car le Parisien est défricheur ! Il lui faut, sous peine de mort sociale, découvrir avant les autres le dernier bar qui en jette ou avoir lu le nouveau roman dont on parlera demain. Pour pouvoir les critiquer ensuite sur le mode ultra-blasé de celui qui « trouvait ça mieux avant » (un sport très pratiqué dans la capitale française).

La culture

Définition : « Enrichissement de l'esprit par des exercices intellectuels. Connaissances dans un domaine particulier. »

Alors ça, pardon, vous pouvez tirer à boulets rouges (et bleus et blancs) sur les habitants de la capitale, mais vous ne leur retirerez pas ça : oui, le Parisien et la Parisienne sont cultivés, bon sang ! Pour la simple et bonne raison qu'ils n'en ont pas le choix, là non plus. Le Parisien n'a en fait aucun mérite à sa culture... Il en est abreuvé jour et nuit, même s'il s'en fout, même s'il n'en veut pas, même s'il n'y comprend rien. À Paris, on ne peut pas faire trois mètres sans tomber sur un musée, une salle de concerts, une affiche d'expo, une Fnac, une librairie, un monument historique, un disquaire, un centre culturel de n'importe quel pays, un flyer de restaurant exotique, une manif de sans-papiers, un militant d'extrême droite, un épicier d'outre-Méditerranée, un peintre afghan, une boutique tibétaine, un bar brésilien, un ami qui nous vante la dernière expo du Jeu de Paume, un collègue adorant le dernier Goncourt, ou notre propre mère à genoux devant le Centre culturel suédois. Alors le Parisien est, en un sens, pétri de vagues connaissances. Parfois, il fait même semblant d'en savoir plus, alors qu'il est seulement informé des gros titres. Souvent, même. J'ajouterais que le Parisien est cultivé parce que, sans cela, il devient la honte de sa ville. Manquer de culture dans les dîners parisiens, ce serait un peu comme faire le signe de croix dans une synagogue, ou rire à un enterrement : une grave faute de goût. À savoir : le Parisien qui ne « sait » pas quelque chose ne l'avouera jamais ; hochant la tête d'un air entendu, répétant ce que dit le voisin ou se taisant comme un résistant en temps de guerre, il arborera une expression impassible, préférant mourir immolé sous la tour Eiffel plutôt que d'avouer son inculture. Il pourra même aller jusqu'à faire un peu d'inutile *name-dropping* pour faire passer la pilule. Le Parisien aime le *name-dropping* de noms célèbres plus que sa propre mère. Sauf si celle-ci est célèbre, bien entendu.

En *nota bene*, j'ajouterais que si le mot « culture » faisait ici référence aux choses de la terre et de la nature, forcément, le Parisien perdrait. Puisqu'il adore les fraises en hiver et ne sait pas ce qu'est une blette. Mais passons.

L'adaptation

Définition : « Action de s'adapter à quelque chose. Modifier la pensée, le comportement de quelqu'un pour le mettre en accord avec une situation nouvelle. Adapter son comportement aux circonstances. »

Là encore, même avec la pire volonté du monde, vous ne pourrez réfuter le fait que le Parisien s'adapte extrêmement bien aux circonstances de la vie. À peu près pour les mêmes raisons qu'il est obligé d'être curieux ou cultivé, le Parisien vivant dans une cité sans cesse en mouvement, forcé de survivre en milieu hostile, n'a aucune peine à changer de bistrot (qui vient de fermer), de quartier (enfin, quand il y est obligé), de travail (il aime en changer), de club (tous les six mois, la boîte à la mode devient *has been*), de conjoint (à Paris, on n'aime pas trop s'éterniser avec le même amour), etc. Le Parisien bouge, le Parisien avance, le Parisien... est instable, oui, aussi. Mais c'est beau. Quant à son adaptation à l'étranger ou en « province », elle est éclatante : généralement, le Parisien hors de Paris veut faire celui qui s'y connaît mieux que l'indigène. Nous détaillerons cela plus loin.

La sociabilité

Définition : « Qualité de quelqu'un qui est sociable, qui se lie facilement aux autres et avec qui il est agréable de vivre. »

Alors bon, certes, en écrivant que le Parisien est sociable, j'ai comme la désagréable impression de me tirer une balle dans le pied, et j'entends déjà les cris hystériques des lecteurs hurlant que la mauvaise humeur des habitants de la capitale est à peu près aussi célèbre que le Sacré-Cœur (voire plus). Kamikaze que je suis, je prends pourtant le risque de m'inscrire en faux : pour, encore, les mêmes raisons qu'il est cultivé, ouvert, curieux et adaptable, le Parisien est sociable. Parfaitement. Il vit dans une mégapole de plus de deux millions d'habitants, avec une densité de 21 000 habitants au km^2... Et dans sa religion, le sacro-saint réseau est un commandement à respecter, carte de visite en baudrier. Du coup, même s'il ne parle pas à son voisin de palier (une forme de protection, car le Parisien est psychologiquement fragile), il est forcément sociable !

D'ailleurs, il ne supporte pas d'être seul (au bureau/au bar/dans son lit) et, comme nous l'avons déjà dit, bourre son planning de rendez-vous de toutes sortes pour ne pas se trouver face à lui-même – ou à son psy. Donc, oui, définitivement, le Parisien est ultra-sociable. Ce pauvre petit chou solitaire.

L'inventivité

Définition : « Capacité à innover, à inventer, imagination créatrice. »

Imaginez que vous viviez dans une ville qui bouge tout le temps. Imaginez que dans votre environnement immédiat, ne jamais changer de métier soit ringard, vouloir garder le même conjoint soit illusoire, et rester immobile soit un suicide. Ajoutez à cela que face à un monde stressé, guerrier et totalement fou, vous deviez sans cesse avoir des idées pour surnager, vous battre, sortir du lot. Imaginez en plus que chaque jour, des gens tentent de vous écraser, de vous piquer votre place (au boulot, au parking, dans le lit de votre femme), de vous prouver leur supériorité. Mixez tout cela dans votre cerveau, et représentez-vous votre vie dans ces conditions. Eh bien, dans ces conditions, croyez-moi, vous aussi vous essaieriez d'être inventif. Avec plus ou moins de succès, mais c'est l'intention qui compte.

La « teufitude » (dite aussi : « le caractère festif »)

Définition : « Qui a trait à la fête, réjouissance collective. »

Bien sûr, c'est inévitable dans ce chapitre traitant des bons côtés du Parigot pur jus : oui, les

Parisiens sont accros à la fête ! Oui, ils y sont même très doués ! Par « fête », je n'entends pas seulement « grosse beuverie en boîte de nuit jusqu'au lever du jour », non. J'entends aussi apéros, dîners mondains, aftershows de concerts, vernissages au champagne, anniversaires dans les bars, restaurants arrosés, boustifailles entre amis, cafés du coin et autres réunions de personnes souhaitant se détendre autour d'un verre, d'une assiette ou d'un *sound-system*. Ce côté festif est définitivement l'un des atouts principaux du Parisien, et le distingue de par le monde : si vous êtes parisien et qu'un ami américain – ou un Lorrain – vient vous voir à Paris, il attendra expressément de vous que vous le traîniez dans toutes les *places-to-be* de la capitale. Et si vous allez le voir, lui, à Portland ou Épinal, il s'attendra à ce que vous transformiez sa ville tranquille en un feu d'artifice permanent, voire que vous bâtissiez en une heure un club pointu à la sortie du village voisin. Vous êtes pétillant, vous êtes dansant, vous êtes léger comme une bulle de champagne, vous avez le sens de la fête, du rire, du loisir éthylique et de la drague, bref : vous êtes festif. Nous en parlerons plus avant dans le chapitre 4, « Les sorties du parfait Parisien ».

Les merveilleux défauts des Parisien(ne)s

Le Parisien, cet attachant animal, suscite souvent d'atroces critiques sur son pauvre caractère. Si nous avons pu lister ses côtés positifs, il est temps désormais de se pencher sur ses défauts. Accrochez-vous, ça va faire mal. Malgré tout l'amour dont je suis capable.

Les défauts des capitaleux, à l'instar de leurs qualités, sont au nombre de huit. Là encore, si vous trouvez que j'en oublie, n'hésitez pas à m'écrire, je serai ravie de parfaire le tableau.

Le snobisme

Définition : « Admiration inconditionnelle pour les manières, les opinions en vogue dans les milieux tenus pour distingués, et qui se manifeste par une imitation servile de leur comportement. Admiration artificielle pour tout ce qui est nouveau, à la mode. »

Ah oui, bien sûr, c'est évident : les Parisien(ne)s sont snobs. À l'affût de la dernière mode, conditionnés par la *hype*, parfaits petits soldats de la branchitude, amoureux éternels du *must-have* et autres *places-to-be*, les habitants de la ville ne jurent que par les lois de la mondanité. La vraie Parisienne lit le *ELLE*, où on lui dit que le gris est le nouveau noir, qu'il faut boire des smoothies, et que si elle ne vénère pas le dernier prix Renaudot, elle peut immédiatement penser au suicide social. Le Parisien lit *Libé*, fuit les lieux branchouilles pour préférer l'*underground* (ce qui est exactement pareil, et c'est là que sa naïveté est touchante), préférerait être décapité place de la Concorde plutôt que de s'habiller à La Redoute, et clame partout qu'il s'y connaît bien en vins. La liste des snobismes parisiens est impossible à faire ici, parce que : 1. elle est immensément longue, et 2. elle change toutes les semaines. Résumons-la en affirmant qu'il y a des choses qui se font, d'autres qui ne se font pas, que les gourous de la société *fashion* en dictent les règles, et que tout Parisien qui se respecte y obéit aveuglément en faisant croire que c'est lui qui en a eu l'idée le premier. Complexe ? Non. Instinctif, et extrêmement rassurant.

Le chauvinisme

Définition : « Patriotisme ou nationalisme exclusif, dénigrant systématiquement tout ce qui est étranger au profit d'une admiration inconditionnelle pour ce qui est national. »

Attention, ne me faites pas dire ce que je n'ai pas dit : le Parisien pur jus ne vote pas extrême droite ! Non, son chauvinisme à lui, c'est Paris. Qui est tellement un pays à ses yeux qu'à l'étranger, il ne dit pas qu'il vient de France, mais de Paris. Son chauvinisme est tellement exalté qu'il serait prêt à mourir pour la patrie – c'est-à-dire son quartier. Car, chauvin parmi les chauvins, patriote au carré, le Parisien défend également une ville dans la ville : son propre arrondissement. Parlez de Belleville à une habitante du XVIe, elle s'étouffera avec ses macarons. Proposez Neuilly à un inconditionnel du Marais, il ricanera franchement. Mentionnez les Abbesses à un germanopratin, et il se jettera *illico* dans la Seine. Généralement, les Parisiens vouent un amour inconditionnel à leur quartier, qui devient vite une religion. Parfois, ils tentent la délocalisation dans un autre quartier pour flatter leur esprit d'aventure, et se convertissent à leur nouvelle religion tels des Infidèles sous le feu des Croisés.

Quant au chauvinisme classique des Parisiens face à ce qu'ils nomment la « province », il n'est même pas besoin d'en parler tant il est évident. La France *extra-muros* n'existe que de temps en temps, en congés ou en week-end, généralement le temps de réaliser combien elle ne vaut pas Paris. Même si elle est bien mignonne avec ses plages, ses petits villages morts et ses attendrissants produits du terroir.

NDLR : Afin d'être totalement impartiale sur ce sujet, j'aimerais tout de même préciser que le chauvinisme n'est pas réservé à la capitale. Ailleurs, on est aussi fièrement auvergnat, marseillais ou breton. Dites dans n'importe quelle région française que vous êtes parisien, et vous vous prendrez immédiatement un regard oblique ou des ricanements en pleine face (si vous êtes dans une région chaude, on pourra également vous jeter des pierres ou des chatons morts). En effet, si le Parisien n'aime pas la « province », celle-ci le lui rend bien, l'accusant de tous les défauts mentionnés ici, voire plus. Elle critique son non-sens de la nature et son mode de vie absurde, sans jamais tenter de le comprendre. Aimez-vous les uns les autres...

Le stress

Définition : « Agression de l'organisme par un agent physique, psychique, émotionnel entraînant un déséquilibre qui doit être compensé par un travail d'adaptation. Réaction de l'organisme à l'agression subie. Tension nerveuse, contrainte de l'organisme face à un choc (événement soudain, traumatisme, sensation forte, bruit, surmenage). État d'une personne soumise à cette tension. »

Le Parisien stressé, un pur exemple de pléonasme. Tout habitant de la France (oui, capitale incluse) vous le sort en tout premier lieu lorsqu'il parle des désavantages flagrants de cette ville. Oui, oui, et oui, le Parisien est monstrueusement stressé. Hystérique même sans cocaïne, il arpente sa vie comme on court un 100 mètres haies, risque la fracture du myocarde à chaque douloureuse minute, se plaint sans cesse de ce « rythme de fou », mais ne ralentit pas. Jamais. Car s'arrêter de courir à Paris, c'est la mort. Toujours overbooké, éternellement survolté, paniqué de l'agenda, l'habitant de la capitale poursuit sans cesse sa fuite éperdue parce que le Temps est son ennemi n° 1.

Il fait rimer « stressé » avec « pressé » et, hélas, n'a pas le choix : nouvelles technologies et compétitivité obligent, son mode de vie ne risque pas de s'arranger avec le temps. Posez-le à la campagne, le silence et la lenteur de vivre le paniqueront mieux qu'une attaque de missiles nucléaires. Le stress est sa drogue, l'adrénaline sa vitamine. Et c'est très, très fatigant pour les autres.

La « blasitude »

Définition de « blasé » : « Personne qui pense avoir épuisé l'expérience humaine et qui est dégoûtée de tout. »

Ouh, mais que les Parisien(ne)s sont blasé(e)s... ! C'est l'une de leurs principales caractéristiques, et elle marche main dans la main avec le snobisme. Le Parisien a tout vu, tout fait, tout entendu, et surtout, tout jugé. À noter : il a forcément fait tout cela le premier. L'un de ses adages favoris est d'ailleurs : « C'était mieux avant » (en parlant indifféremment d'un resto, d'un lieu de vacances, voire d'un livre même si celui-ci n'a pas changé d'une ligne depuis son édition, peu importe). Jamais pris en flagrant délit d'ignorance, incapable de se retenir d'avoir un avis définitif sur tout, le Parisien est aussi désabusé de la vie qu'une star dans un grand hôtel de luxe. Souvent, sa façon de l'exprimer est de râler. Il peste contre tout et tout le monde. Sa mauvaise humeur est un bonheur à observer (sauf quand elle s'adresse à vous). Quand, parfois, à son grand dam, il s'enthousiasme pour quelque chose, c'est parce que ladite chose est : 1. totalement nouvelle (même la personne qui l'a créée n'est pas encore au courant), et 2. totalement *hype*, mais ça ne dure jamais très longtemps. C'est une question de standing. Le scepticisme, c'est la religion des ultra-cool.

La prétention

Définition : « Attitude de quelqu'un fondée sur une opinion trop avantageuse qu'il a de lui-même. Ce qui reflète la volonté d'en imposer, de montrer une certaine supériorité. »

Là, je vous donne un bel os à ronger. Le mot « prétentieux » revient particulièrement dans les bouches pleines de fiel qui crachent sur les habitants de Paris. Et, je l'avoue sans fierté, ils n'ont pas tout à fait tort. Découlant logiquement de son snobisme et de sa blasitude, la prétention est à peu près aussi essentielle aux Parisiens que leur café-croissant du matin. Mettez dix personnes de dix régions différentes à une table, laissez-les parler cinq minutes, vous trouverez très facilement qui est le Parisien : plus sûr de lui qu'un Bernard Pivot en cours d'orthographe de CM2, il aura étalé tout ce qu'il sait en 49 secondes 12 centièmes.

L'exigence

Définition d'« exigeant » : « Qui est difficile à contenter ; dur, strict. Qui exige beaucoup de soins, d'attentions. »

Parce qu'il est persuadé de son bon droit et de son intelligence, le Parisien, je l'avoue de nouveau sans fierté, est en effet assez exigeant. Pour ne pas dire despotique. C'est d'ailleurs souvent comme ça qu'à l'étranger ou en province, avant même d'avoir remarqué sa plaque de voiture ou sa carte de visite « *I love Paris* », on le remarque parmi les autochtones : il n'est jamais content. Le serveur du restaurant ne va pas assez vite, l'hôtel est miteux, la pollution est incroyable dans cette ville (... oui, il ose), les boutiques sont fermées entre midi et deux, la connexion 3G est nulle, les toilettes sont sales, les boîtes de nuit minables... La liste des griefs du Parisien en dehors de son territoire est sans fin, mais là où ça devient rigolo, c'est que même dans sa ville chérie, il n'est jamais content ! Alors oui, c'est en partie parce qu'il se doit d'être snob et blasé, et nous pouvons aussi mettre son côté râleur sur le compte du stress permanent, mais pas seulement : gâté-pourri par sa riche mégapole, habitué à ce que maman-cité accède immédiatement à tous ses désirs, surcouvé par une ville multicadeaux, le Parisien est un enfant gâté, un fils unique détestable, une petite chatte trop léchée. Ce qui nous entraîne directement à la suite : son égoïsme.

L'égoïsme

Définition : « Attachement excessif porté à soi-même et à ses intérêts, au mépris des intérêts des autres. »

J'aurais pu appeler ce défaut « égocentrisme », mais ayant beaucoup de tendresse pour *Les bronzés font du ski*, je préfère citer la réplique suivante : « Quel est le principal défaut de Bernard ? – Il est égoïste ! » Oui, Bernard est parisien, atrocement parisien. Nous sommes tous des Bernard, mais aussi, apparemment, des enfants de 3 à 7 ans si nous en croyons la définition du mot « égocentrisme » par le *Larousse* : « Tendance à ne considérer que son point de vue et ses intérêts propres. Indissociation, dans le raisonnement, du point de vue propre et du point de vue d'autrui, qui constitue la caractéristique essentielle de la pensée des enfants de 3 à 7 ans. »

Nous voilà bien. C'est vrai : en termes un peu crus, disons que le Parisien ne pense qu'à sa gueule. Malgré sa certitude d'être bien éduqué, malgré les bonnes manières apprises en famille, malgré ses écoles catholiques ou privées, le Parisien dit à peine bonjour ou merci, ne tient jamais la porte à personne (sauf la jolie fille en jupette) et vole les places de parking sous les yeux du premier arrivé sans vergogne. Il annule ses dîners à la dernière minute (et encore, quand il pense à le faire), a la flemme d'aider la vieille du 7ᵉ à monter ses courses, fait pousser ses dents jusqu'en dessous du plancher au boulot en écrasant ses collègues, pourrait tuer de sang-froid pour obtenir un poste/une femme/le dernier sac Chanel en solde. Est-ce un animal, une bête, un monstre ? Peut-être trouvez-vous que le trait est ici exagéré. Moi aussi. Mais je vous assure, c'est comme ça que nous voient les non-Parisiens qui montent à la capitale. Je sais, ça fait froid dans le dos.

La « coincitude » (terme barbare mais explicite)

Définition : (Bizarrement, je n'ai pas trouvé ce terme dans le *Larousse*.)

Gardons le plus rigolo pour la fin : les Parisien(ne)s sont d'un coincé… ! Tout sauf détendus de la tête, légèrement culs cousus, le Parisien et la Parisienne se veulent dévergondés, spirituels, fous, aventureux, libres, mais soyons francs, ce n'est qu'une piètre façade. Surprotégés par leur petit monde magique, à l'abri de leur périphérique, les Parisiens sont absurdement étroits. Chez Castel, au bureau ou dans le bistrot du coin, ils la ramènent comme des porcs ayant trouvé une truffe. Mais hors de leur territoire habituel (même sans aller loin, ça peut être la rue d'à côté), les voici taiseux, apeurés, méfiants, et clairement dépourvus de toute spontanéité. À l'étranger, ils ont peur des araignées, peur de manger quelque chose de sale, peur d'être malade. Sans aller jusqu'au road trip, emmenez un Parisien dans une soirée hors de son cercle habituel : le lion prétentieux pourrait magiquement se changer en petite chose frileuse.

NDLR : Je voudrais terminer ce long chapitre en disant que tout ceci est épouvantablement faux. Je n'en pense pas un mot. Des habitants de la Creuse (je soupçonne même l'un d'entre eux d'être originaire du Lot-et-Garonne) m'ont mis un M16 sur la tempe et obligée à écrire sous leur dictée. Merci de votre compréhension.

Le look des Parisien(ne)s : typologie

On a beaucoup écrit sur « Paris, capitale de la mode », ou sur le « chic inimitable des Parisiennes ». Pourtant, sorti du cliché improbable de la riche « modeuse » de l'avenue Montaigne ne reflétant pas vraiment la réalité, une question nous taraude : comment s'habillent les Parisiens, et bien sûr, les Parisiennes… ? Voyage au bout de l'armoire.

Réalisé en collaboration avec Johanna Postillon, styliste et journaliste de mode.

Dis-moi comment tu te vêts, et je te dirai qui tu es. Ou plutôt, qui tu veux être. À Paris comme ailleurs, la diversité vestimentaire est de mise, mais il existe quelques grandes familles incontournables de looks qui s'affrontent sans merci dans les rues tels les Jets et les Sharks dans *West Side Story*. Principes de base, catégories, *do's* et *don'ts*, marques incontournables : découvrez les arcanes des dressings locaux, pour le meilleur et pour le pire.

La Parisienne et ses valeurs

Par logique plus que par galanterie, nous commencerons par nous occuper du cas féminin. Dans notre chère capitale, truffée de boutiques tentatrices, agitée régulièrement par la Fashion Week, arpentée par des minettes en stilettos, forcément, une certaine frénésie vestimentaire électrise les filles.

Principes de base : élégance, chic et sobriété

S'il n'existe pas une mais plusieurs Parisiennes au niveau du look, nous pouvons brosser cependant le portrait de la locale de base, en dégageant ses principales caractéristiques, qui la différencient de ses sœurs françaises ou étrangères.

Ce n'est pas un mythe, la Parisienne est généralement élégante. Chic, et classique. Un peu trop d'ailleurs : contrairement à ses cousines de la Côte d'Azur ou ses copines londoniennes, elle ne prend jamais de risques, ne se lance pas, ne traverse jamais en dehors des clous de la mode, sauf – un peu – pour sortir. Cette prudence est le pendant de son regard acéré, qui juge le look des autres avec la clémence d'un faucon affamé.

Elle pousse l'élégance jusque dans sa manière d'être, de se tenir, de parler, et bien sûr de porter le vêtement. Un peu coincée, oui, c'est vrai. Mais ça fait partie du packaging.

Au quotidien, elle porte un jean (slim de préférence), des ballerines ou des escarpins simples, une chemise blanche près du corps ou un pull en cachemire fin, un trench et un sac oversize. Ses couleurs sont neutres : noir, gris, blanc, beige, bleu marine, kaki. Elle n'est pas trop maquillée et ses cheveux sont savamment coiffés-décoiffés (= « j'ai un chignon brouillon soi-disant fait à la va-vite qui m'a en fait pris dix minutes devant la glace avec moult contorsions »). Dans sa penderie traînent toujours une belle veste, un tailleur-pantalon, une robe sexy mais pas vulgaire, et de la lingerie divine. Elle a la classe, en somme.

Pour devenir une vraie Parisienne du dressing, il existe dix *do's* et dix *don'ts* à respecter. Simples, je vous rassure, mais attention, vous n'aurez pas le droit à l'erreur – sous peine d'extradition *fashion*.

Les do's *du look de la Parisienne*

① Vénérer les basiques (couleurs neutres, coupes intemporelles, qualité au top).

② Suivre la mode, mais avec modération (= pas tous les impératifs de la saison, plutôt deux ou trois items soigneusement choisis).

③ Savoir shopper chic chez des marques bon marché (= vestes élégantes chez Zara, lingerie dentelle chez Monoprix, collections Jimmy Choo ou Lagerfeld chez H & M...).

④ Vouer un culte aux chaussures (un des seuls éléments du look où la Parisienne se lâche : hauteurs vertigineuses, couleurs flashy, motifs dingues).

⑤ Ne jamais, jamais être prise en défaut de look (même pour aller à la boulangerie le dimanche matin).

⑥ Faire collection des « petites robes noires » (meilleures amies des Parisiennes – ce n'est pas une légende).

⑦ Au cours de sa vie, acquérir quelques pièces hors de prix à transmettre à sa fille (un sac Chanel, des Louboutin...).

⑧ Savoir coudre, tricoter, broder (la Parisienne n'hésite pas à jouer les petites mains pour se concocter des vêtements bien à elle).

⑨ Oser parfois une pièce excentrique (limite vulgaire, et oui), à condition de la marier avec un look ultra-sobre.
⑩ Avoir toujours des cheveux impeccables (« La coiffure est la première parure d'une femme », *dixit* mon arrière-grand-mère).

Les **don'ts** *du look de la Parisienne*

① Les ongles trop longs (Dieu vous préserve particulièrement de la très longue french manucure), les bijoux d'ongles.
② Le sexy dégoulinant (minijupe + décolleté + cuissardes + maquillage excessif).
③ Les vêtements trop moulants.
④ Les bijoux de sac ou de téléphone portable, les motifs enfantins (Hello Kitty).
⑤ Le balayage mal fait (comme si vos cheveux étaient rayés par Paul Smith lui-même), les mèches de couleur.
⑥ Les matières cheap (synthétique, Lycra...).
⑦ L'affichage de marques ultra-bling-bling (D & G, monogramme Vuitton...), ou les tee-shirts à message premier degré (« *I'm the best* »).
⑧ L'accent « caillera » (pensez à *My Fair Lady* : même Audrey Hepburn a appris à parler élégamment).
⑨ Le jean taille basse avec un string ficelle qui dépasse (une évidence, mais il faut toujours le rappeler), les piercings (ringard).
⑩ Le clonage (à trop lire les magazines, on oublie ses goûts – et ça vaut aussi pour tout ce qui est écrit ici !).

La Parisienne du XXIe siècle : bobo, BCBG, rock – trois tendances lourdes

Si des centaines de looks existent, plus ou moins heureux (punk, emo, gothique, *no look*, néobaba, alter, girly, androgyne, fluokid, ultra-preppy…), trois grandes familles de styles se disputent le haut du pavé parisien. Sachant que certaines petites malines – suivez mon regard – valsent joyeusement entre les trois selon leur humeur et l'occasion.

La Bobo, notre « clodotte » de luxe

Insupportablement galvaudée et employée à toutes les sauces, la notion de « bourgeois bohème » a pourtant diablement sa place dans la Ville lumière. La Bobo parigote, plutôt localisée dans le centre de Paris (IIe, IIIe, IVe) ainsi qu'à Saint-Germain, Valmy, Bastille et Montreuil, aime les « belles matières qui ont vécu ». Patinées bien que neuves, anciennes bien que coûtant un bras, ses fringues sont comme des oripeaux de luxe, criant au monde son amour de l'Histoire, son immense culture, son attachement au passé. C'est d'ailleurs pour ça que la Bobo aime la vaisselle en bois qui coûte un œil ou les bars faussement vieillots et branchés à mort (Jeannette, La Perle). Ses godillots usés lui ont coûté 600 euros chez Zadig & Voltaire, son minipull tricoté par mamie vient de la dernière collection Isabel Marant, et elle donnerait son âme contre un shopping illimité chez Martin Margiela. Offrez-lui un gros bonnet Dior et elle vous épousera.

La BCBG, classique et classieuse

Bon chic bon genre ou beau cul belle gueule, la BCBG parisienne est un trésor de la capitale. Nous ne rentrerons pas dans le cliché naphtaliné de la mère de famille catho à serre-tête en velours et veste matelassée, puisque nous traitons dans ce livre des Parisiens un tant soit peu dans le coup. Nos BCBG à nous se croisent dans le XVIe bien sûr, le VIIe, le VIe et Neuilly. Elles sont évidemment classiques, mais lisent le *ELLE*, *Vogue* et *L'Officiel* religieusement. Elles adorent la mode et traduisent cette passion par des virées chez Dior, Yves Saint Laurent ou Chanel quand elles sont riches, ou Maje, Paul & Joe ou Sandro quand elles le sont un peu moins (et qu'elles sont jeunes). Pour se rendre chez le coiffeur (le plus souvent possible) ou en shopping (idem), elles prennent leur Mini, enfilent quelques kilos de bijoux et portent leur dernier sac Bottega Veneta. Souvent jolies, elles semblent être nées avec le chic dans la peau. C'est très énervant.

La Glam'Rock, ou l'élégance sauvage

Ma préférée. Depuis quelques années, elle envahit Paris sans faiblir. Parisienne avant tout, elle garde les principes de base avec son slim et ses ballerines, sa « propreté » et ses goûts de luxe, mais trashe un peu le tout avec son perfecto, quelques coups de canif dans le jean, une ou deux chaînes et une coiffure « je sors du lit ». Elle aime les bottes de motarde, les tee-shirts loose dégoulinants, les collants flashy sous une mini ou un short, et trimballe toujours une besace oversize. Son maquillage est fort : *smoky eyes* chargés ou bouche rouge, elle gère l'équilibre. Sur ses cheveux longs et raides, souvent frangés, elle aime poser des chapeaux d'homme. Ses boutiques préférées sont autant Zara et H & M que The Kooples ou Noir Kennedy. Pour le luxe, c'est Givenchy et Balmain. Elle aime aussi les tee-shirts de groupes de rock mais fait bien gaffe à ne pas tomber dans le cliché.

Le Parisien, looké mais moins barré

Parce que l'Humanité est ainsi faite, le Parisien est bien moins psychopathe du placard que sa femme. Enfin, en général. Même si, avouons-le, on trouve à Paris la plus grande concentration française de garçons attentifs à leur look. Parce qu'ils bossent dans la mode, le cinéma ou le spectacle, parce qu'ils sont *dandy*, séducteurs ou gays, parce qu'ils sont contaminés par l'ambiance « modasse » qui plane sur la ville, ils seront plus souvent attentifs à la marque de leur chemise que leurs cousins de Besançon, d'Arles ou de Limoges.

D'une manière générale, les hommes voient les fringues comme des uniformes, à adopter selon les circonstances : le costard pour le bureau (avec ses éternelles chaussures Church), l'uniforme jean + tee-shirt pour les loisirs, le survêt' pour le bricolage, le short pour le running, etc. Les Parisiens n'échappent bien évidemment pas à cette règle. Mais cela ne les empêche pas de choisir leur camp selon leurs préférences.

Voici quelques catégories de looks de Parisiens qui sévissent dans la capitale. Vous remarquerez qu'elles sont apparentées aux catégories des Parisiennes, comme quoi, parfois, la vie est bien faite. Et du coup, leurs enfants suivent.

Le Bobo, un homme à adopter

Vous le croiserez dans le Marais (dans sa version hétéro), à Montreuil ou même rive gauche. Fan des matières douces et intemporelles, le Bobo aime le velours, le coton usé, le cachemire. Ses couleurs préférées sont terriennes (marron, gris, blanc, kaki), il abhorre le bling-bling et adore se lover dans un grand pull tout doux sur un vieux jean confortable (et impeccablement coupé, généralement Levi's). Il aime les tee-shirts de marque américaine (Abercrombie), les chemises Kenzo (vive les fleurs), adore le commerce équitable (ou les polos en coton bio), ose le pantalon en velours côtelé et arpente la ville en Clarks, Veja ou Converse. Une grande écharpe, des bretelles, voire un béret : sur lui, le look papy est transformé par des coupes près du corps et un certain sens de la mode qui le rendent ultra-sexy. Même si, bien sûr, il est persuadé de « n'y rien connaître ».

Le BCBG, classique mais irrésistible

Un modèle que vous verrez surtout, évidemment, dans le XVIe ou à Neuilly. Éternellement couvert de son trench noir, fatigué du costard Lanvin ou Smalto (qu'il est obligé de porter toute la semaine), notre Parisien bourgeois ne s'intéresse absolument pas à la mode et a fixé une fois pour toutes son look il y a dix ans, le même que ses potes : un jean (Dior ou Diesel), un tee-shirt simple (American Apparel ou Zadig & Voltaire), un pull col V ou à capuche (parce qu'il est jeune dans sa tête), des baskets clean (Dior, Gola ou Coq Sportif) et son sacro-saint chèche (qu'il ose parfois en couleur vive, tout fou qu'il est). Dans son placard traînent évidemment une veste militaire et un maillot de bain Vilebrequin. S'il n'a aucune imagination en matière de mode et ressemble à tous ses clones, le BCBG n'a pas besoin de faire d'efforts : tout comme la Parisienne de base en trench, slim et ballerines, il reste élégant dans sa sobriété, et fera toujours craquer sa voisine. C'est dans leurs gènes.

Le rockeur, à croquer

Tout comme sa copine rockeuse, le rockeur s'est particulièrement épanoui ces dernières années. Si sa panoplie de base comporte évidemment quelques vieux jeans, deux blousons de cuir et des bottes motardes ou des santiags, il peut évoluer entre différents looks. Par exemple, le dandy-rockeur aimera les bagues (têtes de mort en argent), les minicravates et les jeans très près du corps, voire la moustache et les chapeaux, pour osciller entre punk et classicisme. Le rockeur underground, lui, fera plutôt partie de la tribu chemise à carreaux + barbe explosive. Dans tous les cas, contrairement aux BCBG, ils prendront grand soin de leur look et adoreront faire du shopping (sans trop le dire, bien sûr). Leur délicieuse virilité s'épanouira chez The Kooples, Noir Kennedy, les friperies (avec Kiliwatch en tête) et Zara. Leurs cheveux seront toujours foufous.

Nota bene : *Pour les looks gay et lesbien, voir au chapitre 2.*

L'interview parisienne

Arthur H

Il a beau danser avec Madonna, poursuivre Marouchka et célébrer Shanghai ou New York dans ses chansons, Arthur H est avant tout un vrai Parisien. De l'Élysée Montmartre à l'Olympia, de chez lui à ses studios d'enregistrement, le musicien-poète connaît bien sa capitale. Depuis son premier album éponyme jusqu'à *L'Homme du Monde*, l'artiste à la voix torride et à l'humour ravageur distille souvent un certain amour des villes dans ses jolis textes. Rencontre parisienne dans un restaurant turc.

Arthur, es-tu parisien ?

Si l'on considère qu'être parisien, c'est vivre ici, oui, bien sûr. J'ai même été conçu et je suis né à Paris. J'ai grandi vers Saint-Paul, habité le XVIIIe et le XXe – je suis très rive droite… Mais je crois qu'être parisien, ce n'est pas vraiment une question de naissance, puisque cette ville est une ville de passage, remplie d'étrangers, de provinciaux montés à la capitale, où tout bouge tout le temps.

Alors c'est quoi, être parisien ?

Je crois que le Parisien n'existe pas. Ou alors, c'est quelqu'un qui vit ici et entretient un fort rapport amour/haine avec les lieux. Ma mère par exemple est incapable de quitter Paris : ailleurs, elle s'ennuie rapidement, elle a besoin du macadam, de cette ville qui bouge, de l'ouverture d'esprit des gens d'ici. Il y a une atmosphère particulière à Paris, hantée par la beauté des lieux, l'Histoire aussi… Être parisien, c'est une façon d'être sur ses gardes tout le temps, en mode radar, vivace et méfiant. C'est être un poisson dans un bocal, manquer d'air quand on nous en sort. C'est un peu la jungle, mais ça permet d'être tout le temps stimulé, et de s'adapter. Pour un artiste, c'est essentiel.

Justement, aimes-tu Paris ?

Je l'adore. C'est une ville sublime, complètement magique. Plus jeune, j'avais carrément un rapport amoureux avec le macadam, une familiarité naturelle avec le paysage urbain. Le problème, c'est qu'il y a trop de gens, on vit les uns sur les autres, et ça crée une certaine nervosité, expliquant peut-être cette agressivité qu'on reproche aux habitants de cette ville. Ça me rappelle une étude scientifique faite sur des rats qui expliquait qu'en petit nombre dans leur cage ils étaient calmes et organisés, et qu'en surnombre, ils devenaient méchants. À Berlin ou Montréal, l'espace fait qu'on est moins les uns sur les autres, donc moins agressifs. Mais notre nervosité est aussi une qualité : ici, tout vibre très rapidement, on pense vite, on trace, il y a une certaine vivacité d'esprit. Il y a à Paris une énergie qu'il n'y a pas ailleurs.

Et qu'est-ce que tu n'aimes pas ici ?

Quand tu grandis dans un village, ou une petite ville, tu peux y retourner des années après et retrouver des visages familiers, qui te reconnaissent. Moi, quand je retourne dans le quartier Saint-Paul où j'ai grandi, tout a changé, tout le monde a déménagé, et à part quelques commerçants, personne ne peut se souvenir de moi et incarner mon enfance. Paris, c'est une ville où tu n'existes que dans le regard des vieux commerçants ! (Rires.) Mais là encore, le défaut peut être une qualité : le Parisien est un voyageur sans attaches, quelqu'un de partout et de nulle part… C'est bien aussi. Du coup, ça attire des étrangers, des artistes fascinants, comme Jodorowsky par exemple. En fait, je crois que la seule chose qui me dérange parfois à Paris, c'est la foule, le manque d'espace vital, la sensation d'être coincé. J'en reviens aux rats dans leur cage !

Penses-tu que le cliché du « Parisien snob » soit justifié ?

Pas vraiment. Je pense qu'il y a des snobs, des branchés et des gens fermés d'esprit un peu partout, que ce soit ici ou dans n'importe quelle ville française… ou étrangère.

Dans tes chansons, tu parles de beaucoup de grandes villes, mais pas forcément de Paris…

Même si j'y suis déjà allé pour de vrai, je peux fantasmer New York ou Shanghai parce que je ne les connais pas vraiment, je n'y ai pas vécu. Le fantasme n'a rien à voir avec la réalité, et dans une chanson, on imagine, on met une distance. J'adore Paris, mais j'en suis beaucoup trop proche pour la réinventer.

Toute son actu sur www.arthurh.net

LEÇON 2

LES RELATIONS DU PARFAIT PARISIEN

« Tant que vous n'avez pas été embrassé par un de ces pluvieux après-midi parisiens, vous n'avez jamais été embrassé. »
***Woody Allen,* Maris et Femmes**

Dans ce chapitre essentiel, vous allez découvrir comment vous comporter avec les autres indigènes : parler, communiquer, draguer, vivre en couple ou en célibataire, voire avec vos enfants... À Paris, rien n'est jamais laissé au hasard.

Être Parisien(ne) et s'exprimer

Parler français n'est pas suffisant pour devenir Parisien(ne) : à l'instar du breton ou du corse, un patois typiquement local permet aux habitants de la Ville lumière de communiquer entre eux, de se reconnaître et de se différencier des maudits « estrangers ». Vocabulaire, attitudes, expressions : maî-trisez le langage du cru !

• Règle n° 1 : la politesse, une denrée rare

Commençons par le plus élémentaire : le « bonjour ». Sachez que vous ne l'emploierez pas beaucoup. En effet, que ce soit avec les voisins, les commerçants ou au boulot, Paris n'est pas friand du « bonjour », du « merci » ou de l'« au revoir ». Pas que les locaux soient grossiers, non (ils mourraient de honte plutôt que de l'être), simplement, ils n'ont pas le temps, ou bien ils ne vous ont pas vu. Enfin, parfois, certains y arrivent, heureusement. Mais ne soyez pas trop à cheval sur la politesse si vous voulez être serein à Paris. Cela concerne également les portes que l'on tient (uniquement aux jeunes et jolies femmes en robe, les autres peuvent décéder) ou tout autre type de règle de bienséance. Vous trouvez ça rude ? Mais pas du tout : on n'a pas le temps, c'est tout ! Sachez-le une bonne fois pour toutes : LE PARISIEN EST PRESSÉ. Point.

À noter : si vous dites « bonjour » à des amis (ça, ça se fait), jouez-la internationale ! « *Hola* », « *hello* », « *hi* », « *hey* », voire « *salam aleikoum* » sont tout à fait acceptables, voire recommandés dans les salutations. Eh oui, sous ses dehors d'ours bourru, le Parisien est cosmopolite et aime à s'ouvrir au monde.

- **Règle n° 2 : putain de bordel de merde**

Ces coquins de Parisiens ont généralement un langage fleuri : noms d'oiseaux, vocabulaire de charretier, insultes tendrement proférées... Ne soyez pas effrayé par le côté coloré de leurs échanges ! Ici, un « sale enfoiré ! » accompagné d'une bourrade est considéré comme affectueux, et, en voiture, le conducteur parisien est systématiquement atteint du syndrome de Tourette (c'est génétique). Vous croiserez aussi de bonnes amies se traitant de salopes en riant aux éclats. N'ayez pas peur. C'est chaleureux. Et bizarre, oui, aussi.

• **Règle n° 3 : les petits noms**

À l'opposé, les Parisiennes affectionnent particulièrement les petits noms régressifs et collants comme des bonbons, qu'elles distribuent à tout le monde et sans aucun sens commun : « chouchou », « chéri(e) », « cocotte », « baby » ou « sweetie » (voir plus bas pour les anglicismes) sont entendus à tous les coins de rue, et pas forcément entre amis intimes. Personnellement, j'ai connu des attachées de presse qui m'appelaient « ma belle » ou « pupuce » après m'avoir eu une fois cinq secondes au téléphone. On s'y fait (ou pas).

• **Règle n° 4 : l'esprit Jean-Claude Van Damme**

Un autre caractère distinctif du patois parisien est son amour des anglicismes : ici, tout le monde semble avoir oublié les plus élémentaires des mots français. Quelqu'un de mignon, par exemple, n'est pas mignon, mais *cute*. Une fille à la mode n'est pas à la mode mais *fashion*, et elle ne porte pas les indispensables de la saison, mais les *must-have*, comme son sac qui n'est pas un sac mais un *it bag*. Un rendez-vous galant est un *date*, et une cible amoureuse est une *target*. Une rumeur est un *buzz*, une personne célèbre est un *people*, un truc incroyable est forcément *amazing*, et on peut crier « *yeah!* », « *my God!* », « *fuck!* » ou « *nice!* » pour à peu près n'importe quelle raison sans que personne ne nous regarde de travers. Que voulez-vous, c'est « *so frenchy* » (…?!).

• **Règle n° 5 : le verlan à la sauce Balzac**

Dans la série contradictoire, n'hésitez pas à faire le grand écart entre élégance à l'ancienne et jeunisme éhonté. C'est-à-dire :

① Pratiquez une grammaire impeccable, un vocabulaire précis, des tournures de phrase dignes des plus austères écrivains du XIXe siècle, bref, exprimez-vous plus que correctement. On n'est pas chez les bouseux, je vous le rappelle.
② Assaisonnez-les de références littéraires, picturales ou musicales de qualité (ce qui prouve que vous avez de l'éducation, comme tout bon Parisien qui se respecte). Et ce, même si ce n'est avec aucun à-propos – votre interlocuteur pensera de toute façon que s'il ne saisit pas le rapport avec le sujet, c'est qu'il manque de culture, et donc, fera semblant de comprendre d'un air entendu.
③ Insérez dans tout cela quelques mots de verlan, ou les grossièretés dont on parlait plus haut. Ajoutez-y un bon vieil anglicisme, et paf, vous serez parfaitement local !

Par exemple, si lors d'un dîner le maître de maison vous demande ce que vous faites dans la vie, vous pouvez répondre : « Putain, j'eusse préféré que nous parlions d'autre chose que de labeur, c'est trop relou ! *Dear God*, ces mets sont délicieux, votre meuf est une cuisinière hallucinante, digne des demoiselles d'Avignon de ce bon vieux Picasso ! »

(... Ou pas ; j'ai comme un doute sur ma phrase, tout à coup.)

- **Règle n° 6 : excessif ou blasé ?**

Autre chose : on parle souvent des Marseillais pour leur côté « exagérateur ». Il semblerait que les Parisiens, pourtant ennemis jurés de leurs cousins du Sud (et je ne parle pas que du foot), veulent les concurrencer dans ce domaine. Certain(e)s Parisien(ne)s ont du mal avec la demi-mesure : tout est dingue (ou *amazing*), énorme, hallucinant, et une bonne chanson ou un bon film sont des « tueries », voire des « boucheries » qui vous ont « juste tué ». Ah d'ailleurs, je profite de cet exemple pour introduire le mot « juste », absolument indispensable (et insupportable), à replacer à toutes les sauces, qu'importe le contexte.

Mais ce côté *too much* (oui, *too much*, je suis parisienne, je pratique l'anglicisme) est un peu trop bas de gamme, en réalité. Si vous souhaitez vraiment la jouer « Paris pointu », soyez au contraire extrêmement tiède : ce restaurant est « pas mal », ce top model est « assez jolie », ce Kandinsky est « correct »... Vous trouvez que ça donne l'air mou ? Pas du tout, malheureux ! Ça donne l'air BLASÉ. Le Parisien adore être blasé. Parce qu'il a tout vu, tout fait, tout entendu, sachez-le. L'enthousiasme exagéré marque, selon lui, l'inexpérience, la naïveté. Soyez revenu de tout, désabusé, sceptique, et Delanoë vous sacrera *illico* citoyen d'honneur.

• Règle nº 7 : votre corps parle

Côté langage du corps, attention : ne commettez jamais l'erreur fatale (erreur dite « juste horrible ») de saluer quelqu'un en lui faisant plus de deux bises... ! Cela marquerait immédiatement votre provincialité, voire pire, votre « banlieusité » – et vous rejetterait sur-le-champ dans les limbes de la société parisienne.

N'hésitez pas, langage du corps toujours, à toucher : bien loin de la froideur qu'on leur prête parfois, les Parisien(ne)s touchent, et se laissent toucher. Une main sur le bras, sur l'épaule, un frôlement... Peut-être à cause de l'ambiance de flirt qui plane sur la ville, Paris a les mains baladeuses. Entre gens de bonne compagnie, s'entend.

Voilà, vous avez désormais une bonne base pour être bilingue (ou plutôt : « *total fluent* ») en communication parisienne. Exercez-vous, et pratiquez le plus possible, cela vous fera aisément gagner la sympathie des locaux. Bordel de *fuck*.

Être Parisien(ne) et se sociabiliser

Comme nous l'avons vu au chapitre 1, le Parisien est sociable. Pour lui ressembler, vous devrez donc apprendre à l'être, oui, mais attention : à sa manière. Qui n'est, comme d'habitude, pas la même qu'ailleurs. Pourquoi et comment la jouer civile à Paris ? Tous les outils du bon mondain.

Nous l'avons déjà dit, malgré ses dehors d'ours pressé et imbu de lui-même, le Parisien est un lionceau bien dompté dès qu'il s'agit de se faire de nouvelles connaissances. Affable, courtois même, pas rugueux pour un sou, il sait développer des trésors d'ingéniosité lorsque la jungle de la ville le met en présence de nouveaux congénères. Apprenez à faire de même !

Pourquoi faut-il être sociable à Paris ?

Jeune padawan, cette règle est capitale (capitale + Paris = jeu de mots. On s'éclate, ici.). Si vous désirez ressembler au parfait Parisien, vous vous devez d'être un excellent animal social, et de toujours apparaître bien urbain aux yeux des citadins (urbain + citadins = on s'éclate vraiment).

Pourquoi ? Eh bien, tout d'abord parce que c'est une fabuleuse technique de survie en ce monde cruel :

surpeuplée, surstressée, suractive, la Ville lumière demande sans cesse de redoubler d'efforts pour surnager, voire briller parmi ses consœurs. Et comme le Parisien n'est pas bête, il a bien compris que pour cela, il avait besoin des autres. Un contact job ? Une target amoureuse ? Un groupe de potes avec qui passer son jeudi soir ? Un réseau pour son blog ? Une copine dotée d'une voiture pour aller chez Ikea ? Un *fuck friend* ? Le Parisien a besoin de networker, de draguer, de brasser du répertoire, de nouer des contacts à la pelle. Contrairement à ses cousins français, le Parisien est un grand enfant qui, face à la solitude, s'angoisse. S'ennuie. S'étiole. Ainsi, dès son plus jeune âge, il court d'école primaire en leçon de danse, puis de surboum en cours de karaté, puis de café en plan fumette derrière l'immeuble, téléphone portable en poche, pour s'entraîner à réseauter comme un fou. Une fois adulte, il peut ainsi exploser de sociabilité, plus utile à sa survie que l'air qu'il respire. Le Parisien a besoin des autres. Mieux que ça : il les aime.

Les outils pour être au top

Sans même s'en rendre compte, notre attachant Parigot a développé des réflexes naturels pour entretenir son réseau. Ce sont ses outils vitaux. Sachez les maîtriser.

1. Un cerveau radar

Observez le comportement de l'*Homo Parisianus* lorsqu'une nouvelle tête apparaît dans son champ de vision : sous ce masque blasé, vous apercevez une réaction. Le Parisien, tel un chien de chasse flairant une gallinette cendrée, est à l'arrêt. Derrière ces yeux faussement détachés, aux sourcils froncés (qui lui donnent l'air important), la bête cogite à tout va pour analyser le corps étranger ainsi apparu afin de savoir à quelle sauce il devra le manger, et d'abord, s'il y a lieu de le manger. Le nouvel élément est-il professionnel/amical/sexuel ? Son intérêt est-il médiocre/notoire/très important ? À l'aide d'un scanner intégré, le Parisien scrute l'âge, le sexe, le style vestimentaire, l'attitude du nouvel arrivé, le classant immédiatement après analyse dans le dossier correspondant (« Bon pour tomber amoureux », « Bon pour une nuit à l'occasion », « Bon pour le boulot », « Bon pour rigoler en buvant un verre », « Bon pour présenter à ma sœur »...), et entame alors sa danse de séduction. Hélas, si l'objet de son étude offre des résultats négatifs (dossier « Bon pour rien »), il lui accordera une poignée de main mollasse, éventuellement un sourire (le Parisien n'est pas un rustre) et regardera ailleurs. À l'affût de sa prochaine proie.

2. Un charme certain

Pour ferrer son gibier, l'*Homo Parisianus* développera alors ses charmes dans une exquise cour. Inutile de trop s'appesantir sur les détails : cela dépend des deux bêtes en présence et de leurs rapports possibles. Généralement, le Parisien d'âge moyen aura identifié ses meilleurs atouts et saura les étaler comme il se doit pour impressionner, faire rire ou séduire sa victime. Il apprendra très tôt à charmer, comme tous les enfants choyés.

3. Une santé de fer

Vous l'aurez remarqué, on rencontre rarement de nouvelles têtes dans son propre salon. Pour nouer des contacts, trouver l'amour, serrer la main à votre futur éditeur ou rigoler avec de nouveaux trublions, il vous faut sortir, sortir et sortir encore, ami lecteur ! Dîners, soirées, pots, cafés, bars, afters, vernissages, anniversaires, déjeuners, petits déjeuners, brunchs, clubs, lotos-bingos, lancements de produits, mariages, fiançailles, divorces-parties, pique-niques, concerts... Pour être parisien, ne ratez aucune occasion de bouger. Déplacez-vous avec la foule. Faites partie de la meute. Ou crevez comme un chien.

4. Une carte de visite

Pour achever sa capture, le Parisien dégaine son outil fétiche : sa carte de visite. Qu'il soit en dîner mondain, vernissage, réunion pro ou sur la plage en maillot de bain ne change rien ; face à un Contact Potentiel, il dégaine. Sa carte de visite assoit un homme, lui assure son identité, et permet d'éviter de perdre du temps à noter un numéro (rappelons-le, le temps est l'ennemi n° 1 du Parisien). C'est son ADN papier.

5. Un profil Facebook

Plus simple encore que la carte de visite, et plus *casual*, maîtrisez le réflexe Facebook : on s'informe (vaguement) du prénom de la personne qui nous intéresse, on retient que c'est un ami d'Untel, et hop, on le cherche sur l'ordi en rentrant chez soi. Facebook, ou le bal des flemmards. Bien sûr, on peut aussi utiliser Small World (pour les riches), Viadeo (pour les bosseurs), MySpace (pour les musicos ou les moins de 12 ans),

Linkedin (pour le business), mais franchement, c'est un peu ringard. Facebook, même si les réseaux web ne vous intéressent pas, est indispensable. Point.

6. Un métier qui envoie du cake

L'un des meilleurs outils pour se sociabiliser à Paris sera votre métier. Les secteurs du tertiaire, de la communication, de l'art, du cinéma, de la mode, du graphisme, de l'édition, de la pub, du journalisme, de la production, de la musique, sont autant de sésames pour : 1. rencontrer des gens très parisiens, très importants, très contents d'eux-mêmes, et 2. devenir à votre tour très parisien, très important, très content de vous-même (ce qui n'est pas une mauvaise chose : n'importe quel psy vous le dira, c'est bon de s'aimer). Ces domaines sont un peu comme les guildes au Moyen Âge : des corporations supérieures, vous classant immédiatement au-dessus du commun des mortels, et vous apportant un tas d'avantages, avec un effet boule de neige sur votre carnet d'adresses. Et, surtout, des invitations dans les lieux qui comptent.

7. Des cartons d'invitation

Bien sûr, à Paris, vous pouvez rencontrer Karl Lagerfeld dans la rue, ou Amélie Nothomb dans un café. Mais ce n'est pas pour autant que vous iriez leur parler, n'est-ce pas ? Vous avez un certain savoir-vivre. Vous ne pouvez pas, non plus, vous incruster illégalement dans n'importe quelle soirée pour siffler un magnum de champagne. Il vous faut le sésame. Cartons d'invitation, e-mails, textos, events Facebook (et oui, encore), les moyens de se retrouver entre gens de bonne compagnie sur n'importe quel motif pullulent à Paris, et sont autant d'occasions de nouer des contacts utiles et ravissants. Débrouillez-vous pour en être… grâce à vos contacts. Et oui, c'est le serpent qui se mord la queue. On n'a jamais dit qu'être un bon Parisien était facile.

8. Un lieu de vie glamour

Autre façon de nouer des contacts à Paris : emménager dans un quartier branché. Si vous vivez rue de Bretagne, quartier Montorgueil, dans le Marais, à Saint-Germain-des-Prés, aux Abbesses, à Belleville, au Troca, le simple fait de descendre boire un café en bas de chez vous régulièrement peut vous amener à nouer des contacts fantastiques. Même en courses au Franprix. Et puis, on ne va pas se mentir, si vous voulez être un vrai Parisien, votre adresse pèsera lourd dans votre capital crédibilité.

9. Du name-dropping en veux-tu, en voilà

Si vous habitez porte d'Ivry, que votre métier est stagiaire comptable dans une caisse d'assurances retraite, que vous n'aimez ni Facebook ni les cartes de visite, que sortir vous fatigue et que vous n'avez jamais su accrocher quelqu'un par votre magnétisme pour obtenir ses faveurs, il vous reste tout de même une arme de choix : le *name-dropping*. Le Parisien en est friand. Il s'agit, tout bêtement, de glisser dans votre conversation des noms célèbres. Et pas forcément des people : ça peut être des noms célèbres dans votre domaine, du genre Jean-Michel Lerat, n° 1 du marketing des ouvre-bouteilles. Vous n'oublierez pas de les appeler par leurs prénoms (« L'autre jour au Montana, j'ai parlé avec Fred de son dernier roman… » pour Beigbeder, par exemple), d'habilement mentionner que le people vous tutoie (« Et là, Fred me dit : "Écoute Alice, tu sais..." »), voire, pour vraiment enfoncer le clou, que vous avez des rapports intimes (« Fred, que j'ai choisi comme témoin à mon mariage... »). Vous pouvez également jouer l'émotion pour plus de crédibilité (« Non, je ne peux pas aller voir le dernier Guillaume Canet, notre séparation est encore trop fraîche, ça pourrait me faire mal. »). Mensonges ? Et alors. À Paris, scène de théâtre géante, tout le monde fabule un peu et joue une certaine comédie. Non, ce n'est pas lamentable : c'est créatif !

10. Le langage parisien

Pour parfaire l'animal social qui est en vous, je ne peux que vous encourager à maîtriser parfaitement le patois local, afin de ne pas ruiner vos efforts par une bête erreur de style ou de vocabulaire. Travaillez donc bien le langage vu plus haut.

Être Parisien(ne) et célibataire

Il est racé, chic, sexy, drôle et cultivé. Elle est belle, élégante, maligne, alerte et pétillante. Et pourtant, ils sont seuls. Ces paradoxes appétissants, ce sont les célibataires parisiens. Une espèce répandue, délicate et délicieuse, à consommer tout de suite – ou à emporter.

Selon une étude récente, un Français sur trois vit seul aujourd'hui, et à Paris, le chiffre monte à... près d'un sur deux. Chers amis, le verdict est sans appel. À Paris, le nombre de célibataires explose. Et le nombre de familles monoparentales fait de même. Ici, le célibat est une religion. Déprimant ? Ça dépend pour qui. Car si certains cherchent l'amour stable et la reproduction active en foyer, d'autres se satisfont avec joie de leur solitude à partenaires multiples. Dans tous les cas, la ville est libertine (voire, chanterait Mylène, une catin), et ici, les anneaux de virginité qui font fureur dans l'Amérique profonde font glousser les amoureux de l'amour. À la fois paradis et enfer, Paris offre une multitude de réconforts pour les singles.

Mais pourquoi tant d'oranges sans moitié dans la Ville lumière… ? On peut y voir deux raisons majeures.

Le couple, une espèce menacée

Comme le dit avec pertinence ma copine Morgane (en couple depuis sept ans) : « Dur d'être fidèle à un produit dans le plus grand supermarché du pays. » En effet, à Paris, surpopulation et effervescence obligent, on brasse et croise plus de monde qu'ailleurs. On sort plus, aussi. De là, point besoin d'être scientifique pour comprendre qu'en toute logique, les tentations se multiplient. Ajoutez à cela le cliché éternel de la capitale française en tant que berceau du romantisme (pas faux, et bien drainé par les films américains), plus le caractère festif, charmeur et *fashion* du Parisien moyen, et vous comprendrez aisément qu'ici, la vie est dure pour le couple lambda.

La joie d'y être célibataire

Autre facteur aggravant : la vie est plus douce pour le célibataire ici que dans les autres régions de France. La Cité lumière offre plus de distractions, lieux de sorties variés et moyens de rencontre que ses sœurs de province. Or, nous l'avons déjà dit, le Parisien déteste rester seul. Aussi, quand ils n'ont pas de chéri(e), les *Homo Parisiani* sortent encore plus que d'habitude. Cela satisfait leur instinct de chasseur. Ajoutons enfin que célibataires, ils sont open aux rencontres, et donc, à la nouveauté. Qu'ils adorent. Morgane ajoute d'ailleurs : « Le Parisien aime tellement défricher que ça a l'air d'être valable aussi pour les choses du sexe et du cœur. » Possible. Je connais personnellement beaucoup de défricheurs.

Être célibataire à Paris, mode d'emploi

Comme pour tout, le Parisien a sa propre manière d'être célibataire. Pour lui ressembler, il suffit de maîtriser cinq règles de base.

- **Règle nº 1 : aimer vivre seul**

Pour être un vrai célibataire parisien, clamez votre amour de la solitude. L'essentiel est que l'image que vous dégagiez soit celle de quelqu'un de bien dans sa peau, qui passe son temps dans les expos et les soirées, qui n'a pas de souci de chaussettes sales qui traînent, et qui brandit sa liberté avec fierté telle Madonna arborant son bracelet de la Kabbale. Indépendance, mon amour. Si vous avez le sang chaud, vous pouvez ajouter quelques allusions salaces à votre vie sexuelle incroyablement mouvementée, ce sera parfait. Coquinou, va.

- **Règle nº 2 : draguer comme des fous**

Pour être un vrai célibataire parisien, vous devez séduire, chauffer, papillonner, racoler et chasser en permanence, jusqu'à ce que cela devienne une seconde nature pour vous. Car le Parisien est extrêmement charmeur ! Cela fait partie de son ADN. Pensez aux exemples les plus célèbres des people de Paris : Édouard Baer, Frédéric Beigbeder, Jacques Chirac ou Carla Bruni vous apparaissent-ils franchement comme des exemples de stabilité et de retenue sexuelle... ? C'est un fait : soyez chauds comme une baraque à frites, il y va de votre certificat de la ville.

- **Règle n° 3 : sortir comme des psychopathes**

Vous allez me dire, cette histoire de sortir tout le temps partout, ça va finir par devenir fatigant. Certes, mais qu'y puis-je ? C'est la réalité ! Là encore, je me dois d'insister : oui, et triple oui, célibataires, vous devez sortir. Les nuits parisiennes sont remplies de singles en ébullition, cherchant votre peau et votre sang frais tels d'affamés personnages de *Twilight*. Vous les trouverez en clubbant, en dînant, en vernissant, en shoppant, en promenant votre chien, bref, à chaque pas que vous ferez dehors. Mais attention, malheureux : n'allez surtout pas vous fourvoyer dans des lieux infréquentables tels que speed-dating, afterworks à buffet gratuit, soirées spéciales célibataires au supermarché ou autres incongruités mal placées... ! Jamais, vous entendez, JAMAIS on ne sort dans des endroits « pour célibataires ». Comble du ringard s'il en est. Non, on sort là où les gens convenables sortent. Au risque de craquer sur quelqu'un en couple, oui, mais pardon, c'est la règle du jeu. Et puis l'adultère est un sport très apprécié ici – mais c'est un autre sujet.

- **Règle n° 4 : surfer, oui, mais discrètement**

On ne va pas se mentir : il y a un paquet de Parisiens sur Meetic, même si les habitants de la capitale préféreraient s'arracher un bras avec les dents plutôt que de le reconnaître. Le Parigot pur jus souhaite rencontrer sa moitié (ou du moins, celle de la prochaine nuit) sur le pont des Arts, le soir de Noël, par hasard… Ou en terrasse de café au soleil, un matin de printemps. Ou totalement bourré au Montana à 4 heures du matin. Bref, il veut du romantisme. Mais comme le romantisme ne fonctionne pas toujours vite, que le Parisien est pressé, et qu'il passe sa vie sur son ordi, il peut déraper sur Meetic. Ou sur adopteunmec.com. Ou sur l'un des nombreux sites de rencontre qui existent aujourd'hui sur la toile. S'il résiste vraiment à ce mode de drague (« Quelle horreur, on dirait un Monop'humain ! »), il se contentera de chasser sur les terres de ses amis via Facebook : à chaque jolie photo, une *friend-request*. Efficace, et plus discret. Fourbe, oui, aussi.

- **Règle n° 5 : être trop cérébral**

Voici le dernier caractère typique de la célib'*touch in Paris*. Le cerveau sexuel. Car non, le Parisien et la Parisienne, sous leurs dehors charmeurs, flirteurs et déjantés à la nuit tombée, ne sont pas très décoincés de la fesse. Habitués à s'analyser tout le temps, effrayés par leurs congénères, attirés et apeurés à la fois par la nouveauté, écrasés par leur réputation de « gens cultivés à cerveau intégré », les Parigots ont la drague très cérébrale. Trop, de l'avis de pas mal de gens. En résumé, pour être un single Parisien, n'ayez pas trop l'air d'humeur à la gaudriole.

Maniez avec adresse les tournures élégantes, les références culturelles, le langage codé, les jeux de mots. Appâtez pour mieux repousser. Maniez le feu sous la glace. Et soyez très, très difficile. Parce que vous réfléchissez trop, oui, mais aussi parce que vous êtes exigeant.

Portraits types : elle est jolie, intelligente, élégante. Un peu froide, souvent distante, mais en quête d'amour fou, elle attend de celui qui la drague qu'il ait le QI de Jean d'Ormesson, le physique de Jean Dujardin et le portefeuille de Bernard Arnault. Lui, il est dragueur, blagueur, sexy. Il veut une fille « spéciale », « avec de la personnalité », mais fuit pourtant en courant si la demoiselle en face de lui semble avoir de l'humour ou le moindre avis réfléchi sur quelque chose. Ce n'est vraiment pas gagné d'avance. Mais rassurez-vous, à la fin, ils tombent amoureux. La preuve : ils n'arrêtent pas de se mettre en couple. Et c'est là que les ennuis commencent.

Être Parisien(ne) en couple

Aïe. Rien qu'à écrire ce titre, je sens bien que je provoque un éclat de rire général parmi mes lecteurs. « Parisien » et « couple » sont à la limite de l'antiphrase. Le turn-over des amours en notre belle cité est effrayant. Pourtant, il existe une variété de Parisiens marchant deux par deux, vivant ensemble et s'aimant sincèrement… Mais comment font-ils ?

Comme nous l'avons vu précédemment, le nombre de célibataires et de familles monoparentales explose à Paris. Nous connaissons tous, pourtant, des couples qui tiennent. Voire qui s'adorent. OK, nous connaissons tous aussi une copine qui sort secrètement avec un homme marié, mais là n'est pas le sujet.

En raison d'un rythme de vie effarant, d'une tentation permanente dans leur riche vie sociale, et du choix incommensurable de partenaires qui les entourent, les habitants de la Ville lumière ont bien du mal à garder leur conjoint dans leur lit. Ma copine Sophie, en couple et maman, m'a même dit : « Les problèmes de sous n'arrangent rien. » Forcément, à 57 000 euros le loyer d'un F3, des tensions peuvent apparaître. Mais passons.

Adrien, l'un de mes amis très amoureux de sa copine, m'a pourtant dit avec philosophie : « Le couple va revenir à la mode, il ne faut pas s'inquiéter ! » Isabelle, elle, pense plutôt que Paris va bientôt ressembler à New York (3 millions et demi de célibataires, avec plus de femmes que d'hommes), où la drague est devenue un sport comme un autre, et un juteux marché financier. L'avenir nous le dira.

Vivre en couple à Paris, mode d'emploi

Après ces réjouissantes constatations, venons-en au couple parisien lui-même. Étant à peu près au couple ce que le P-DG de Total est au travail éthique en Birmanie, j'ai dû enquêter comme une folle pour comprendre le secret des duos qui durent. Comment vivre ou survivre (« sans poèmes, sans blesser tous ceux qu'on aime ») en tandem ici ? Lieux, attitudes, habitudes, voici les huit lois du couple labellisé « Ville lumière ».

• **Règle nº 1 : être des quasi-jumeaux**

À Paris plus qu'ailleurs, le dicton « Qui se ressemble s'assemble » est à graver dans le marbre de l'amour local. Ici, plus les conjoints ont de points communs (éducation, religion, style, métier, hobbies), et plus le couple a des chances de tenir. Le coup de la bergère avec le prince charmant, ou de Christine Angot avec Doc Gynéco, ça fait la blague deux minutes, mais la vie manque trop d'imagination pour que ça dure. Nous voulons nous mélanger, aimons le métissage et la mixité, mais les amours qui tiennent sont généralement consanguines. Oui, c'est triste. Or, en raison de la diversité explosive qui règne dans notre belle cité, les chances de rencontrer quelqu'un qui vous ressemble sont, paradoxalement, très rares. Je m'explique : si vous vivez dans le Jura, tout le monde ou presque est jurassien, et vous rencontrez des gens catholiques, qui aiment le fromage, le vin jaune et la forêt l'hiver ; ça aide à s'entendre. Ici, tout le monde est différent. C'est super pour ouvrir l'esprit, mais difficile à gérer sur la longueur. À méditer.

• **Règle nº 2 : être totalement malade d'amour**

Une fois que vous tenez votre élu(e), pour que ça fonctionne, soyez certain(e) de l'aimer comme un dingue. Vous allez me dire : « Ce conseil vaut pour tous les couples du monde. » Je répondrai : « Que nenni, j'affirme que c'est encore plus important à Paris. » En effet, en raison des difficultés et des tentations permanentes, vous avez plutôt intérêt à être à 4 000 % fou de votre conjoint si vous comptez survivre ici. N'espérez même pas garder votre couple à flot si vous êtes moyennement amoureux, pas convaincu ou juste attendri par la bête. De plus, en raison de cet inévitable et fatigant cliché de « Paris, ville romantique », vous devez, pour faire honneur à votre ville, afficher une passion sublime en toutes circonstances. Par exemple, vous balader en permanence comme les protagonistes du *Baiser* de Doisneau, même en allant au pressing. Au besoin, relisez les œuvres d'Alexandre Jardin.

• **Règle n° 3 : faire des restos toutes les trois secondes**

Pour être un parfait couple parisien, nous vous conseillons fortement d'aller au restaurant le plus souvent possible. Le « dîner dehors » est un sport très pratiqué ici. Romantique, branché ou ultra-désuet, sachez varier les ambiances (voir le chapitre 8 pour les adresses), mais ne perdez jamais le rythme. Les couples que je vois cartonner autour de moi n'arrêtent pas. C'est, contrairement au reste de la France où le restaurant reste un classique des « grandes occasions », une habitude régulière à prendre pour maintenir votre couple dans la mouvance, et la passion. Alors, oui, ça coûte un rein par mois. Mais à Paris, de toute façon, tout coûte un rein par mois.

• **Règle n° 4 : partir en week-end tous les trois jours**

Même constat, même combat : le vrai couple parisien pratique activement le week-end en amoureux. Là encore, ça coûte bonbon. Créteil, Deauville, Londres ou New York, selon votre budget, n'hésitez pas à kidnapper votre dulciné(e) en fin de semaine pour l'emmener passer une nuit hors du quotidien, de préférence par surprise. Ça vous émerveille un couple mieux qu'un marathon du sexe. Ce qui ne vous empêche nullement, cela dit, de coupler ces deux activités. Pensez-y.

- **Règle n° 5 : ne pas être jaloux**

Nous avons déjà évoqué la sociabilisation effrénée du Parisien, ainsi que les innombrables dragueurs et dragueuses potentiels qu'il rencontre sur son chemin. Votre moitié va se pavaner dans moult dîners, bars ou vernissages, avec ou sans vous, et se faire draguer plus souvent qu'à son tour. Le flirt est un sport national à Paris. Donc les amis, en vérité je vous le dis, la jalousie ne vous servira à rien. Certes, il est difficile d'être amoureux sans être jaloux. Mais par définition, la vie à Paris EST difficile. Toujours. Ce n'est qu'une preuve de plus.

- **Règle n° 6 : aller à des apéros/dîners/brunchs**

Ah, le dîner parisien... Un des plus délicieux clichés du monde. Tout couple qui se respecte (avec ou sans enfants) donne régulièrement des dîners. Généralement, ils sont présentés comme « à la bonne franquette, sans chichis, on est entre nous », mais quand vous arrivez, vous apercevez 12 personnes sur leur trente et un dans un décor tellement « simple » qu'à côté, l'Élysée ressemble au kebab de la rue Clignancourt. Du coup, la fois d'après, vous débarquez superhabillé avec une bouteille millésimée, dans un apéro sauciflard où tout le monde est en jean. Avec l'expérience, ne vous inquiétez pas, vous saurez « renifler » le type de sauterie à laquelle vous êtes conviés, et respecter les codes.

• **Règle n° 7 : donner des apéros/dîners/brunchs**

Bien entendu, pour être un parfait couple parisien, il vous faut également recevoir ! Ne serait-ce que pour rendre la pareille à ceux qui vous ont invités. Mais aussi parce que cela assoit votre image de couple aux yeux des gens. Un couple amoureux, généreux et si sympathique qui adore accueillir du monde chez lui. Pour les invités, évitez de trop mélanger les styles, ça peut mal finir. Faites dans l'utile (contacts professionnels qui peuvent s'entendre) ou l'agréable (vos vieux potes à la vie, à la mort). Au menu, donnez dans le produit du terroir, le simple, le classique, d'extrême qualité. Et relisez le roman *Les Invités*, de Pierre Assouline, leçon de dîner mondain s'il en est. Les apéros dînatoires, tellement plus agréables, semblent être hélas en baisse de *hype* – on revient au classique dîner assis. Quant aux brunchs, ça fonctionne toujours, mais plutôt entre amis très intimes.

• **Règle n° 8 : faire des enfants (en option)**

Sujet sensible. Faire des enfants peut avoir sur le couple parisien deux effets distincts et drastiquement opposés : soit ils rapprochent le couple, fusionnant avec amour autour de sa divine descendance. Soit (et là, c'est moche), ils le fissurent mieux qu'une scie sauteuse diabolique, en provoquant le syndrome dit du « Papa Flippé ». Reluquant avec angoisse la stagiaire du bureau, ils ne comprennent pas pourquoi ils devraient soudain se transformer en adultes pour élever leurs enfants, quand ils sont encore des enfants eux-mêmes – souvenez-vous, le Parisien est un grand bébé gâté. MAIS je vous rassure tout de suite : Dieu merci, nombre de couples parisiens qui s'aiment réussissent haut la main l'épreuve de l'Enfantement ! Et, face à cette ville qui fait peur, se replient avec tendresse sur leur nouvelle cellule familiale contre vents et marées. Pour former de nouveaux Petits Parisiens Pur Jus, ce qui est tout de même un excellent projet de vie.

Être Parisien(ne) et se marier

Le mariage, vénérable et noble institution, est hélas tombé en désuétude. En France, il est actuellement à son plus bas niveau depuis 1945... C'est précisément pour cette raison que tout(e) Parisien(ne) raisonnable se doit d'épouser l'élu(e) de son cœur, afin de ne pas suivre le mouvement général. Parisiens amoureux, unissez-vous ! Mais, évidemment, pas n'importe comment.

Kate Moss et Jamie Hince vous ont montré le chemin. Sofia Coppola et Thomas Mars (du groupe Phoenix) aussi. Mark Ronson et Josephine de la Baume ont également succombé (si vous n'avez aucune idée de qui ils sont, c'est normal – et peu importe). Pire : à l'heure où nous écrivons ces lignes, les Brangelina eux-mêmes seraient tentés. Bref, si besoin était, le Parisien soucieux de sa brancherie sait depuis 2011 que son amour ne peut être couronné socialement que par un *vrai* mariage. Civil et/ou religieux, tradi ou rock'n'roll, mais un mariage digne de ce nom, avec la famille, les amis, une belle robe, des demoiselles d'honneur et du champagne à flot. *Do's* et *don'ts* du mariage parisien, à vous de jouer.

Un mariage parisien… Forcément à Paris ?

S'épouser, oui, mais où ? Deux Parisiens souhaitant convoler en justes noces se posent un jour ou l'autre l'angoissante question. D'un côté, l'évidence de s'unir au cœur de leur ville fétiche, objet de leur véritable amour. De l'autre, l'avantage certain de s'échapper le temps d'un week-end avec toute leur clique. Sachez que malgré la rigueur habituelle du cahier des charges de la vie parisienne, tout est apparemment permis sur ce point ! On a vu en effet les plus parigots des fiancés opter pour l'une ou l'autre de ces solutions, sans que leur soit retiré leur permis de parisianisme. Alors, selon vos envies et vos moyens, investissez votre chère cité, un mas de Provence ou un hôtel londonien, voire la maison de la grand-mère à Beyrouth, tant que vous faites ça bien.

Cela dit, s'il faut trancher, ce livre recommande tout de même le mariage *made in* Paris, ne serait-ce que pour afficher une mairie respectable sur le livret de famille qui, je le rappelle, vous suivra à vie (arrondissements I, III, IV, XI et XVIII fortement recommandés). Et puis, pensez un peu à l'avenir de vos enfants : pour eux, pouvoir dire « Mes parents se sont mariés dans le Marais/aux Abbesses/Place du Louvre », plutôt que « Mes parents se sont unis à la salle des fêtes de Louvignac-les-Colchiques », c'est tout de même un meilleur départ dans la vie, non ?

En cas de noces lutéciennes, bien sûr, ne nous faites pas honte : on oublie les péniches (réservées aux ploucs et aux touristes), les hôtels impersonnels (et ses salles de conférences pour pots de départs en retraite) et les « boîtes » ringardes (vous voyez très bien de quoi je parle, oui, vous, qui envisagez fourbement le VIP room comme un vulgaire débutant).

Préférez plutôt un bar branché si vous connaissez le patron (la liste est longue…), un resto au décor de rêve (le Mini-Palais), un classique qui a fait ses preuves (la Maison Blanche), une salle tradi qui la joue Versailles (le Palais des Miroirs), un plan décalé et donc rock'n'roll (lieu un peu underground du genre Bellevilloise ou Point Éphémère, pique-nique blanc sur le Champs de Mars…), ou, si vous êtes extrêmement riches et fous, un palace de star (oui, vous avez droit au Ritz). Merci.

Un « vrai » mariage : quels *do's*, quels *don'ts* ?

Côté organisation, rassurez-vous, le cahier des charges est là encore assez open. Tant que vous restez dans les clous généraux du comportement parisien détaillé tout au long de ce livre. Autrement dit, manier avec doigté le classicisme (voire le démodé), le mixer avec l'audace, dans un savant et ironique mélange. Le tout, bien sûr, en en mettant plein la vue aux invités, que ce soit par votre look, le lieu de la fête, le menu, ou… lesdits invités, justement.

Quelques *don'ts* ? Il tombe sous le sens que la robe meringue est proscrite (vraiment, même au onzième degré, ça ne fonctionne pas), les sketchs « comiques » des témoins sévèrement punis par la loi, les « photographes spécialisés » censurés (tout comme leurs poses constipées et leurs flous hamiltoniens effrayants), les voitures obligatoirement privées de klaxon et de tulle, le « blog des mariés » (relatant par le menu toute l'année l'écœurante préparation des noces – une incitation au meurtre), et les enfants, refoulés à l'entrée des festivités – on les tolérera à peine à l'église.

En revanche, on recommande les vieux (surtout ceux qui dansent), la pièce montée rococo (avec petits mariés en plastique au sommet si vous êtes vraiment facétieux), la jarretière, les alliances, le groupe de rock en live (récemment découvert par les médias si possible), et si vous êtes un minimum croyant et pratiquant (ce qui, hélas, arrive à des gens très bien), la belle cérémonie religieuse – quelle que soit la religion, mais juive, c'est le plus festif. Évidemment, tout ceci se fera sous les yeux d'un parterre d'invités plus hype tu te suicides – au besoin, si vous ne les connaissez pas personnellement, soudoyez-les.

Vous êtes tentés de faire « original » ou « contemporain » ? Gare aux immondes faux pas inspirés des célébrités (Mariah Carey étant notre papesse à tous), aux modes passagères (pyramide de whoopies en 2010), et autres brillantes trouvailles qui vous feront honte dans cinq ans. Investissez plutôt dans les fringues de créateurs (la robe pouvant être vintage ou de couleur vive pour marquer le coup), les alcools de pointe, un très joli carton d'invitation, le meilleur DJ parisien du moment, et une exquise idée de mini-cadeau à distribuer à tous les invités. Un Parisien ne se déplaçant jamais pour rien.

Ah, et un dernier détail : si vous êtes gay, n'hésitez pas à organiser une vraie fête de mariage pour votre PACS, comme si de rien n'était. Certes, Paris n'a pas encore la maturité de New York sur le sujet, mais ce n'est pas pour autant qu'on va se gêner. Enfin, si vous êtes trans, sachez qu'en 2011, la mairie de la (très bobo) ville de Montreuil a marié deux femmes alors que l'une d'elles, transsexuelle, était encore un homme sur ses papiers. Seine-Saint-Denis Style, comme dirait Joey.

Être Parisienne et enceinte

Ce n'est pas le tout de savoir comment élever dignement vos petits Parisiens. Avant ce bonheur incommensurable, existe pour chaque femme une étape tout aussi délicieuse à mener tambour battant durant neuf (très longs) mois : la grossesse *made in* Paris ! Cette période enchantée pour laquelle le mot « aliénation » semble avoir été tout spécialement créé.

Ah, la grossesse... Un pur moment de bonheur épanoui ! Celle qui en a le mieux parlé est certainement Florence Foresti dans son spectacle *Mother Fucker* : « Une gueule de bois qui dure neuf mois. » Pour cette merveilleuse étape de leur vie, certaines poussent l'héroïsme jusqu'à la subir dans notre délirante capitale. Une Parisienne, incarnation du style et de la maîtrise de soi, peut-elle rester parisienne – et survivre – tout en étant enceinte jusqu'aux yeux ? Oui. Et son secret tient en dix commandements. Si votre taux de bêta-HCG explose les scores, vous êtes priée de les suivre religieusement... entre deux nausées.

• Règle n° 1 : rester lookée

Évidemment. Vous vous y attendiez, à celle-là. Une Parisienne ne pouvant JAMAIS se laisser aller côté look, la grossesse n'est certainement pas une excuse valable pour soudainement s'habiller comme un sac et perdre tout son sex-appeal. Vous avez pris 20 kg ? Le masque de grossesse vous a tatoué une moustache ? Vous transpirez et maugréez comme un vieil alcoolique ? Vos seins, gonflés et striés de veines folles, semblent avoir été maraboutés ? Des poils sont apparus sous votre nombril ? Vous avez tellement mal aux reins que vos stilettos vous terrorisent ? Vous avez trop froid ? Trop chaud ? Envie de pleurer toutes les cinq minutes ? Votre corps affiche des poteaux à la place des chevilles et un goitre en guise de cou ?... Et vous pensez sincèrement que, dans ces conditions, il est ardu de ressembler à une pin-up ? Désolée, mais tout le monde s'en fout. Pire : le monde attend de vous que vous restiez séduisante, que votre silhouette parfaitement stylée n'affiche d'excédent que dans votre adorable ventre rond, tandis que vous chalouperez avec force rire de gorge, sanglée dans une robe mettant parfaitement vos formes en valeur. Oui, même pour les parturientes en devenir, Paris reste fidèle à Dallas : un univers impitoyable. Alors débrouillez-vous, prenez sur vous, soignez-vous, ne montrez aucune faiblesse en ce qui concerne le maquillage, les brushings, les manucures, les pédicures, l'épilation, le sport, souriez, et surtout : restez impeccablement lookée, bon sang. On n'est pas chez Mémé.

Quelques adresses pour vous aider

Avec ces quelques noms, promis, vous devriez étinceler (et je ne parle pas de la sueur qui orne votre visage à chaque vomissement).

- **Asos.** Le temple anglais de la mode online n'oublie pas les femmes enceintes. Robes, lingerie, jupes fourreau, trenchs, tuniques... Émerveillée, vous risquez d'y cramer tout votre salaire du mois. *www.asos.fr*
- **Envie de Fraises.** L'option idéale pour celles qui n'ont pas beaucoup de sous. Simple et féminine, la marque excelle surtout côté robettes, cardigans et basiques, tout en couleurs et en fluidité

– à des prix rafraîchissants. À noter : les jeans skinny vraiment sexy. *www.enviedefraises.fr*

- **Véronique Delachaux.** On se damne pour ses pièces chic et classiques, entre bleu, noir et blanc, soie, crêpe et coton, toujours parfaitement coupées. Vestes, jupes plissées, robes fluides ceinturées, chemises… et l'été, beaux maillots de bain. 5 boutiques à Paris, retrouvez-les sur *www.veroniquedelachaux.fr*
- **Émoi Émoi.** Pointu, ce site réunit une trentaine de créateurs pour des pièces ultra-trendy (Love 2 Wait), des sacs à langer en cuir façon it-bags (Storksak), et des soutiens-gorge d'allaitement adorables (Mamaé). Un peu chérot mais justifié. Le bonus très parisien ? L'essayage à la maison, gratuit, avec une styliste. *www.emoi-emoi.com*
- **H&M Mama.** Économiques, les petits corners « mama » de la célèbre marque suédoise sont rares, et tout n'y est pas beau. Mais en farfouillant, on trouve des jeans slims impeccablement coupés à 30 euros, des shorts sexy, et quelques petits hauts. *88, rue de Rivoli, 75004.*
- **Cocoon.** Certes, la Redoute n'est habituellement pas une référence *fashion* pour la Parisienne de base. Mais leurs propositions de fringues maternité abritent quelques joyaux pas chers et bienvenus (marinière, legging, salopette en jean). *www.laredoute.fr*

• Règle nº 2 : faire appel à un baby-planner

Sous ce nom barbare, se cache un coach en bébé. Tout comme un wedding-planner aide à organiser un mariage dans les moindres détails, un baby-planner, selon le prix qu'on y met et les prestations qu'on

choisit, écoute, conseille, fait achats ou démarches à notre place, et répond à toutes les questions (quel matériel acheter, quel mode de garde choisir, où trouver une consultante en lactation, etc.). Bien sûr, pour celles qui adorent fouiner sur le Net pour trouver le meilleur biberon du marché, ou pour la majorité des Françaises « de région », pétries de bon sens, qui ne voient pas au nom de quoi elles paieraient une parfaite étrangère pour se mêler des affaires de leur progéniture, cette profession est encore assez marginale. Mais une Parisienne nullipare étant par définition ultra-débordée, totalement ignorante du monde des bébés, et toujours friande d'inventions américaines au nom impossible, elle trouvera cette option follement chic. Et pourra lâcher indolemment lors d'un dîner en ville : « La chambre de Léopold ? Oh, c'est l'architecte d'intérieur indiqué par ma baby-planneuse qui s'en est occupé. »
Si ça vous intéresse : www.comptezenmois.com, www.lesfeesduberceau.com, www.allobabyplanner.com

Attention : bien que volontiers tentée par les coutumes américaines (c'est son côté international), la Parisienne ne s'abaissera en revanche jamais à organiser une « baby-shower ». Cet événement, qui ne consiste non pas à passer son ventre sous la douche, mais à recevoir toutes ses copines autour d'un thé-gâteau pour qu'elles couvrent de présents le futur héritier, est à proscrire. D'abord parce qu'on ne force pas les gens à offrir des cadeaux, ensuite parce que, apparemment, ce genre de réunions « girly » oblige à s'amputer de son cerveau et sautiller sur place en poussant moult petits cris stridents devant des affaires de bébé roses et vaporeuses. Inconcevable, donc.

• **Règle n° 3 : rester hyperactive**

Si vous avez lu ce livre consciencieusement jusqu'ici, vous avez compris que les Parisiens avaient du mal à se poser. Profiter de la vie. Ralentir. Du coup, vous imaginez aisément quelle est l'attitude de toute Parisienne enceinte : ne pas se poser, ne pas profiter de la vie, ne pas ralentir. Les sages-femmes des maternités de la capitale s'arrachent les cheveux face à leurs patientes qui, quel que soit leur stade de grossesse, voudraient tout naturellement continuer à bosser comme des dingues/ courir en talons de 12 dans le métro/enchaîner les restos avec les bars/assurer à leur cours de kick-boxing. Selon leur degré de folie (et la résistance de leur pauvre organisme), elles finissent généralement par débarquer échevelées et en larmes aux urgences, le teint aussi frais que celui de Yoda, à peine capables de bouger, expliquant avec stupéfaction au personnel soignant que, très étrangement, leur corps les lâche. Bizarre en effet, surtout après un stage d'aqua-biking à 8 mois de grossesse.

NDLR : Vous l'aurez compris, si vous voulez être une vraie Parisienne, vous pouvez toujours faire n'importe quoi. Mais même dans ce bouquin « humoristique », on vous rappelle sagement que vous feriez mieux de vous calmer. Oui, c'est un sacrifice énorme. Oui, vous allez avoir le sentiment de perdre toute utilité professionnelle, sans parler de votre vie sociale. Mais en même temps, vous pouvez vous consoler en vous répétant que vous en fabriquez une autre, de (future) vie sociale. C'est déjà pas mal.

• **Règle n° 4 : devenir docteur ès puériculture**

Une règle extrêmement simple, et tout à fait dans la logique du comportement parisien de base. En effet, comme vous le savez bien désormais, les Parisiens aiment à exceller, et faire croire au monde entier qu'ils savent tout sur tout. Du coup, à peine le test de grossesse confirmé, les futurs parents totalement ignares se jettent sur une documentation fouillée afin de devenir experts en gestation et élevage intensif de bébés. Histoire de pouvoir briller en société – oui, car bien qu'éminemment basique, l'élevage d'enfants peut passer pour tendance s'il est fait dans les règles. Ils se mettent donc à pérorer sur le sujet avec aplomb et sourires entendus, alors qu'en réalité, bien sûr, ils sont perdus et morts de trouille. Et n'ont toujours pas percé le mystère de certains mots barbares comme « maxi-cosy », « aménorrhée » ou « colostrum ».

• **Règle n° 5 : choisir un prénom impeccable**

Une des épreuves les plus difficiles et capitales de l'enfantement *made in* Paris : le prénom ! Difficile de donner des conseils dans ce livre, car les modes passent plus vite que vous tournerez ces pages. Et c'est à chacun de trouver sa perle rare. Mais globalement, pas de surprise : il vous faudra être à la fois magnifiquement classique et terriblement original. Ah oui, je vous l'accorde, c'est paradoxal. Mais c'est comme ça. Un truc pratique pour vérifier l'éligibilité parisienne du prénom de votre choix : vérifiez ses statistiques sur les sites spécialisés. S'il a été donné trois fois depuis 1879, vous avez tout bon. S'il fait partie du top ten de l'année en cours, déménagez immédiatement en Picardie. Un doute ? Restez très classique, vous ne pourrez pas vous tromper.

- **Règle n° 6 : faire une prépa à l'accouchement invraisemblable**

Dans le monde étrange de la grossesse, vous découvrirez avec effarement qu'à la fin, vous devrez suivre des « cours de préparation à la naissance ». Qui vous obligeront à vous affaler sur des tapis de sol douteux avec d'autres grosses dames, afin de parler de votre flore vaginale, du caca de votre futur enfant et des dérives sanguinolentes de la mise-bas. De quoi heurter très fortement votre sens du glamour. Pour être une bonne Parisienne, je vous conseille de suivre non pas la formation de base dispensée par la maternité (et remboursée par la Sécu), mais un mode de préparation à l'accouchement pointu et rare. Yoga (toujours bien vu à Paris), sophrologie (rien que le nom, incompréhensible, fait l'affaire), haptonomie (très chic), piscine (si vous supportez), méthode Bonapace (??), Tai-chi, Shiatsu, autohypnose (!), fasciathérapie, méthode Pilates (perso, je suis fan des cours du Tigre Yoga Club), chant prénatal... Vous avez le choix. Et si vos moyens ne vous permettent que la voie classique de l'hôpital, pas de souci : parlez-en uniquement sous son nom officiel que personne ne connaît, « psychoprophylaxie ». On n'y verra que du feu.

- **Règle n° 7 : partir à la guerre des modes de garde**

Voilà bien le plus grand combat des futurs parents parisiens. Chaque année, ce sont environ 30 000 bébés qui voient le jour dans notre capitale bien-aimée. Des bébés qu'il va falloir faire garder très vite – car, bien entendu, toute jeune maman parisienne qui se respecte reprend le boulot à fond les ballons sitôt le congé mat' terminé, talons de 12 aux pieds et dossiers multicolores à la main. Sachez-le, trouver une garde pour votre futur enfant est une entreprise de longue haleine qu'il va falloir préparer dès la grossesse, voire avant même la copulation (un peu comme l'inscription à la maternité, d'ailleurs). Crèche, assistante maternelle, nounou à domicile, garde partagée, chacun choisit selon ses convictions, ses moyens, mais aussi... selon ce qu'il trouve. Certains harcèlent les mairies, d'autres débauchent sans pitié des nounous au square (« Quittez cette famille, venez chez nous, on vous offre le double de votre salaire et une carte de soldes chez Agnès b. »), tous fayotent et jouent du piston. Bienvenue dans une guerre sans merci.

- **Règle n° 8 : avoir plein de principes (que vous ne tiendrez pas)**

Les Parisiens ne sont pas des gens aussi légers qu'ils veulent en avoir l'air, vous le savez. Sous leurs dehors fantasques et délicieux, se cachent des personnages qui se voudraient très rigoureux. Les futurs parents illustrent à merveille ce trait de caractère local. D'un air dégagé, ils vous raconteront comment leur enfant aura une nounou anglaise pour être bilingue à 6 mois, ne regardera jamais la télé et n'aura que des vêtements bio-équitables. En réalité, ils les colleront comme tout le monde devant des Disney pour avoir la paix, leur enfileront des fringues à la traçabilité douteuse et feront semblant de ne rien voir quand leur progéniture ira lécher les pots de yaourt au fond des poubelles de la cuisine. Peu importe : enceinte, clamez partout les beaux principes que vous prônez pour l'éducation de votre futur petit. Le manque de bon sens évident dont vous ferez preuve sera très parisien, et follement attendrissant.

- **Règle n° 9 : éviter les forums comme la peste**

Très important. Sur le Net, fleurissent comme du chiendent les groupes de discussion et autres forums rose bonbon de futures mamans hystériques. On y trouve des armées entières de femelles déchaînées par leurs hormones, apparemment très motivées au vu de leur nombre de posts par jour, partageant à qui mieux mieux leurs soucis de digestion, inquiétudes fœtales et autres problèmes intimes de couple, sans aucune pudeur… ni aucune fiabilité. Globalement, les plus accros à ce type de sites partagent un sens de l'orthographe préoccupant, une grande passion pour les émoticônes animés (et les points d'exclamation), un dialecte émaillé de mots venus d'un autre monde (« Zhom », « bidou », « gygy », « bb4 »…), et un sens du drame proprement stupéfiant. Exemple de topic : « Enseinte de 5 mois bb3 maman de 2 loulous damour je per du sang et des glère, Zhom dit ke s'est rien mé je vé quand meme voir avec Gygy LOL !!!!! ». Tout dictionnaire est inutile.

P.S : Bien sûr, vous irez quand même. Mais gardez ça pour vous, c'est tout.

- **Règle n° 10 : profiter éhontément de votre état de madone**

Ce qui est bien avec la grossesse, c'est qu'elle vous autorise à être plus parisienne que jamais… sans qu'on vous déteste, ou presque. Comment ? C'est très simple. Souvent, les Parisiens pensent que tout leur est dû, détestent faire la queue, sont arrogants, précieux, enfants gâtés, veulent toujours être privilégiés et que le monde entier soit à leurs petits soins, n'est-ce pas ? Eh bien, une femme enceinte, elle, a droit à tout ça, et on le lui *pardonne* ! À vous les places assises dans les transports en commun, les coupe-file pour prendre un taxi à l'aéroport (devant 5 761 personnes en dépression profonde), les airs éreintés pour demander de l'aide partout et tout le temps, les départs précipités de tout événement ennuyeux, les excuses toutes trouvées pour couper à des dîners impossibles, les adorables moues épuisées pour éviter toute corvée. Sans compter les pédicures obligatoires (mon ventre est trop gros, je ne peux plus vernir mes ongles), les massages (je souffre atrocement du dos), les soins capillaires (après la grossesse, mes cheveux seront en péril), le shopping (ma garde-robe habituelle est inutile, je dois m'en faire une spéciale grossesse)... Chouchoutez-vous sans vergogne. Enceinte, non seulement vous êtes une incurable princesse, mais en plus, personne ne peut – ni ne veut – vous en blâmer. Hé hé. Profitez bien ! C'est après, que ça se gâte.

Être Parisien(ne) et parent

Vous n'allez pas me croire, mais dans cette ville de malades mentaux qu'est Paris, certains inconscients procréent. Si vous envisagez de tomber dans cette folie, ou si vous avez déjà enfanté, découvrez comment élever de parfaits petits Parigots. Bon courage.

Les Parisiens en couple, un beau jour, comme ça, ont l'idée saugrenue de faire un enfant. Ou pire, plusieurs. Au cœur d'une ville surpeuplée, polluée et stressée, loin des maisons avec jardins, des animaux, d'un environnement vert et bleu, ils se reproduisent, et élèvent leurs petits avec courage.

Comment faire des bébés à Paris ?

Côté bébés, le Parisien n'est pas nullipare, non, loin de là. Même si Paris est le département de France qui compte le plus faible nombre moyen d'habitants par ménage (1,88 ; et je ne sais pas très bien ce que signifie ce 88). Pour être un bon local tout en enfantant, il suffit de respecter quelques règles évidentes, mais très importantes :

① Faire vos enfants très tard.
② Faire vos enfants avec différents conjoints (deux étant un minimum, trois si vous êtes vraiment bon). Peut-être même avec un dont vous taisez le nom, ou avec qui « ce n'est pas possible actuellement », pour la petite touche rock'n roll.
③ Faire vos enfants en étant unis par les lois sacrées du mariage (depuis 2006, il y a plus de naissances hors mariage que l'inverse : le Parisien aimant à se démarquer, il ne faudra surtout pas suivre ce mouvement général et vulgaire).
④ Adorer vos enfants, ces petits rois, les gâter à la limite de l'indécence, mais ne jamais avoir le temps de les voir.

Au vu de ces quatre commandements, vous constaterez aisément que, par exemple, Rachida Dati a cartonné dans la conception « *Parisian* staïle » (à part le mariage, mais vu qu'elle a gardé le nom du père secret, c'est tout bon). Autour de vous, vous avez forcément un patron qui vient de féconder sa (jeune) troisième épouse, ou une amie qui a décidé de faire un bébé toute seule avant sa ménopause.

Oui, vous avez aussi des copains qui se marient à un âge décent, se reproduisent avec entrain et semblent vivre un bonheur sans nuage. Il faut toujours quelques exceptions aux règles.

À ajouter pour ce rapide portrait du parfait enfantement parisien : vous pouvez aussi faire votre enfant très, très jeune. Mais dans ce cas précis, être rock star ou actrice est fortement recommandé.

Comment élever des Petits Parisiens Pur Jus ?

Selon Victor Hugo, l'enfant parisien est « un petit être joyeux », qui « ne mange pas tous les jours et va au spectacle, si bon lui semble, tous les soirs. [...] Il a de 7 à 13 ans, vit par bandes, bat le pavé, loge en plein air, porte un vieux pantalon de son père qui lui descend plus bas que les talons, un vieux chapeau de quelque autre père qui lui descend plus bas que les oreilles, une seule bretelle en lisière jaune, court, guette, quête, perd le temps, culotte des pipes, jure comme un damné, hante les cabarets, connaît des voleurs, tutoie des filles, parle argot, chante des chansons obscènes, et n'a rien de mauvais dans le cœur ». C'est, effectivement, un assez bon portrait de l'adorable monstre que vous allez enfanter ici. Mais comment l'élever ?

- **Règle n° 1 : prendre un forfait baby-sitter hebdomadaire (voire une jeune fille au pair)**

Le problème d'un couple qui se reproduit dans notre Ville lumière, c'est qu'il perd dramatiquement une part de son caractère parisien, tel Samson disant adieu à ses cheveux. En effet, comment notre festoyeur sociable préféré compte-t-il garder son rythme de sorties (ou de boulot) avec deux ou trois bébés dans les bras ? Facile : il lui faut de l'argent, ou une petite sœur/cousine/voisine bien aimable qui viendra garder ses rejetons régulièrement. Le top ? Choisissez un jour fixe, genre le jeudi, réservé à votre couple. Ladite personne aimable (ou grassement payée) viendra toujours ce jour-là, de manière fixe, ainsi le couple sera obligé de sortir. Le mieux étant que vous sortiez très, très souvent – ainsi, vous laisserez vos enfants livrés à eux-mêmes, découvrant la vie, fiers d'avoir des parents mondains. Après, ils pourront écrire un livre pour raconter leur désœuvrement dans un monde de paillettes et de débauche adolescente, comme Lolita Pille.

- **Règle n° 2 : les surgâter**

Bien entendu, à Paris, point de petits malheureux jouant dans une arrière-cour avec deux bouts de bois et un élastique. Pour fabriquer de parfaits petits Parigots, il vous faut les pourrir à outrance. N'hésitez pas, d'une part, à les habiller chez Bonpoint (ou Baby Dior), tel le couple Jolie-Pitt, et à faire « le plein de la rentrée » au Bon Marché. Ensuite, il vous faut les couvrir d'une monstrueuse avalanche de cadeaux à Noël et à n'importe quelle occasion cohérente (ou pas), et ce, sans oublier de leur parler des malheureux petits Éthiopiens qui meurent de faim. Car face à l'abondance, pour ne pas en faire de parfaits petits cons, vous les ouvrirez au reste du monde. Afin d'en faire des gens ouverts, généreux et cultivés, et d'éviter de fabriquer des monstres. Ce qui ne sera pas une mince affaire dans cette ville de dingues.

- **Règle n° 3 : les emmener en voyage**

Contrairement à beaucoup d'autres petits gnomes, le descendant de l'*Homo Parisianus* voyage beaucoup.

À 12 ans, il a généralement connu les Antilles, le Maroc, les États-Unis, la Thaïlande, le Mexique, et connaît le Club Med comme sa propre chambre. Cela fait partie de sa formation. Et de sa future « blasitude », indispensable comme chacun sait à tout habitant de la capitale qui se respecte.

- **Règle n° 4 : les traîner aux expos**

Toujours afin de former son jeune esprit à une culture ouverte, vous devez absolument emmener votre enfant dans toutes les expositions artistiques possibles. Et au cirque (où il a peur), et au théâtre (où il s'ennuie), et à l'opéra (où il s'endort), et aux concerts (d'adultes, bien sûr, mais aussi, pourquoi pas, à ceux destinés aux petits, on n'est pas des monstres). Si les voyages ou les fringues Baby Dior sont au-delà de votre bourse, les sorties culturelles, elles, sont accessibles à tous, aussi n'aurez-vous aucune excuse à élever un inculte. Vous êtes prévenu.

- **Règle n° 5 : les blinder d'activités**

Ah, les « activités » des petits Parisiens... ! Une étape importante dans la formation de ces futurs citadins surbookés. Karaté, équitation, danse classique, peinture, piano, anglais, espagnol, hébreu, guitare, théâtre, tennis, poterie, foot, jonglage... La liste d'occupations est longue, et c'est tant mieux, puisque le but est que votre enfant n'ait pas une minute à lui (et vous non plus, à force de faire le taxi pour tout le monde). L'intérêt ? Qu'il apprenne des choses, certes, voire qu'il s'amuse (pourquoi pas, après tout), mais surtout qu'il s'habitue à maîtriser un agenda overbooké – aptitude qui lui servira vitalement lors de sa vie d'adulte.

Ne lésinez pas, blindez-le, c'est un service que vous lui rendez pour l'avenir.

Bon courage, amis parents. Nous comptons sur vous pour façonner les Parisiens de demain !

Être Parisienne et lesbienne

Dieu merci, à Paris, il n'y a pas que des hétéros qui se courent après comme des lapins entre Le Baron et La Perle. Ici et là, des filles qui aiment les filles vivent, s'aiment et se tapent dessus aussi. Vous en faites partie ? Découvrez comment être une gouine 100 % « *Parisian* staïle ».

Gouine, lesbo, brouteuse, gay, queer... Si vous êtes hétéro, ces mots vous choquent peut-être : « Houuu, on n'a pas le droit de dire "gouine", ce n'est pas politiquement correct, c'est péjoratif ! Il faut dire "homosexuelle" ! » Ah bon ? Et depuis quand ? Sachez qu'à Paris, la plupart des termes qualifiant les femmes homos sont autorisés, et que tout dépend – bien entendu – de la façon dont ils sont utilisés. Et par qui. D'ailleurs, on pourrait comparer ce problème aux mots « Noir » ou « juif », que les non-Noirs et les non-juifs murmurent en se cachant sous la table de peur de passer pour de gros racistes antisémites (parce que le monde ne tourne pas rond), alors que, jusqu'à preuve du contraire, ce ne sont ni des gros mots, ni des insultes. Mais c'est un autre problème.

En résumé, appelons une chatte, une « chatte », et une gouine, une « gouine ». Ça ne mord pas, les amis.

De la question de l'homophobie

Paris n'est pas une ville homophobe. Ou un peu moins que d'autres. En France, la lesbienne de base doit encore se planquer, parce que le Français n'est pas exactement un modèle d'ouverture d'esprit et manque parfois de s'évanouir lorsqu'il voit deux filles s'embrasser. À la capitale, les choses se calment, et vous pourrez vous balader main dans la main avec votre dulcinée, *a priori* sans problème.

À noter : bizarrement, à l'intérieur même de la communauté gouine, il existe des sortes d'homophobies. Par exemple, à l'égard des trans. Pas cool. Si vous voulez être une vraie gouine parisienne qui se respecte, ouvrez votre esprit et respectez tout le monde, transsexuels et hétéros compris. C'est ça, le vrai chic.

Anecdote : l'auteur de ces lignes, pure hétéro de base, a un jour passé des heures à discuter lovée dans les bras de sa meilleure copine au Baron (ça arrive quand on refait le monde en buvant des coups). L'une étant habillée un peu garçon (chapeau, short, veste) et l'autre en fille (décolleté et jupette). Eh bien, il a fallu qu'un abruti les montre du doigt en ricanant et dise : « Ooooh, regarde, des gouinasses ! », comme s'il venait de trouver un chien à trois têtes. Sachez-le : il y a encore des porcs du Moyen Âge dans notre vénérable cité. N'hésitez pas à leur parler gentiment pour leur apprendre que non, vous ne souhaitez pas couper leur cher pénis, donc qu'ils se détendent un peu de la tête, merci.

L'impact *The L Word*

Notons à ce sujet l'effet extrêmement positif qu'a eu sur les mentalités la série télévisée américaine *The L Word*. Ce TV-show plutôt bien fait, racontant la vie d'une bande de cop's lesbiennes à Los Angeles, a permis de hypiser à fond l'image des homos filles, auparavant un peu ringarde. D'un coup, on s'est rendu compte avec stupeur qu'elles pouvaient être cool, hot, vivantes et trendy. Selon une copine queer, la série a vraiment décoincé les hétéros sur le sujet.

Lesbienne, OK, mais laquelle ?

À Paris comme ailleurs, sachez distinguer les différents types de lesbiennes. Amis hétéros, ce paragraphe vous est surtout destiné : un peu de culture ne fait jamais de mal…

- La « butch » est la lesbienne typée masculine, adoptant le look et les codes des hommes. Cliché de la camionneuse en France.
- La « fem » est la lesbienne version féminine qui peut passer pour une hétéro parce qu'elle joue des codes de la femme à fond. Le cliché couple butch/fem n'est pas toujours vrai : on voit aussi des couples butch/butch ou fem/fem.
- La « queer », qui désigne initialement une lesbienne engagée, féministe, luttant contre l'homophobie, était un terme péjoratif à la base (puisqu'il signifie « bizarre »). Aujourd'hui, à Paris, il devient assez *hype* et désigne les homos en général, filles ou garçons.
- La « lipstick » est l'héritière actuelle de la fem : hyperféminine, ultra-trendy, c'est la fille de *The L Word* par excellence.
- La « transgenre » ou « andro » : c'est une fille qui fait mec, mais ce n'est pas la butch, puisqu'elle joue de la confusion des genres à mort, version androgyne, et se rapproche du minet. Un peu

comme un chanteur de groupe baby-rocker qui, de près, serait en fait une jolie gonzesse. Le parfait exemple : Shane dans *The L Word*.

Où sortir à Paris quand on est lesbienne ?

Malheur et triple angoisse, depuis quelque temps, les soirées de filles qui aiment les filles se sont raréfiées. Contrairement aux mecs qui aiment les mecs, les lesbiennes ont bien du mal à garder des endroits rien qu'à elles. Le Pulp, par exemple, a fermé (mais DJ Chloé joue encore, heureusement). Moune, le mythique cabaret de Pigalle, a été racheté par La Clique, et ses soirées sont envahies d'hétéros branchés. Si vous souhaitez sortir entre filles, il vous reste cependant quelques bars sympas, comme l'excellent Troisième Lieu (62, rue Quincampoix) ou le 3W (8, rue des Écouffes). Vous pouvez également traîner aux soirées « Babydoll » des Bains, aux « Wet For Me » et au Rex. À fréquenter aussi, la géniale soirée « What's Gouineon » (… avouez, rien que le titre est énorme), le jeudi aux Disquaires (6, rue des Taillandiers).

Où s'habiller à Paris ?

Bien entendu, dans la capitale de la *fashion*, vous trouverez de quoi vous saper – que vous soyez lipstick (là, vous aurez l'embarras du choix, forcément), butch, andro ou autre.

Les boutiques qui cartonnent particulièrement pour vous : le rayon « garçonnets » des H & M (vive les petits marcels), The Kooples (à croire que la marque unisexe, toute récente, a été inventée en votre honneur), Noir Kennedy (le bijou dark du Marais), American Apparel (un peu de basique branché ne fait jamais de mal).

Et puis ce qui est cool, quand on sort avec une fille alors qu'on est une fille, c'est qu'on peut piocher dans son placard. Vous n'imaginez même pas combien les Parisiennes hétéros vous envient. Soupir.

Quel métier exercer ?

Généralement, les gouines parisiennes sont moins friquées que les gays masculins. C'est dommage. RMistes, chômeuses, elles peuvent cependant cartonner dans la mode ou le graphisme, la prod', la pub, la musique (DJ comme Jennifer Cardini ou Chloé), bref, ce sont de bonnes branchées aussi. Journalistes, elles bosseront pour la presse fem, les *Inrocks* ou *Technikart*, ou, mieux, les rares mags lesbiens (*La Dixième Muse* en France, *Curve* aux États-Unis, *Diva* en Angleterre). Sportives, elles seront également vendeuses chez Go Sport. Mais comme ce livre est insupportablement snob, on préférera qu'elles soient DA ou assistantes d'Hedi Slimane pour être parfaitement parigotes. Évidemment.

Comment draguer la gouine parisienne ?

Pour trouver une chérie, vous devez, vous aussi, sortir à fond, bien sûr. Mais quel est donc le mode de séduction des nanas qui aiment les nanas à Paris ? Étant hétéro, pour rédiger ce chapitre, j'ai évidemment appelé des copines lesbiennes en renfort. Leur réponse sur le flirt entre filles m'a charmée : pour draguer, la gouine fait la gueule. Un peu comme la chanson de Claude François (oui, j'ai une vraie culture) : « Marche tout droit, cette fille-là, c'est comme ça que tu l'auras. » Pour attraper une Parisienne, au Rex ou à la « What's Gouineon », vous ne devrez surtout pas lui sauter dessus, mais rester dans votre coin en tirant la tronche, la regardant à peine. Habituée à la chasse sauvage des hommes, qui nous harponnent sans cesse en club, j'ai demandé à ma copine : « Mais, comment vous faites, alors, si personne ne bouge… ? » Elle a répondu : « Ben, ça prend du temps ! » Ah. Bon à savoir : la lesbienne sort toujours en bande, et dans la bande, 9 filles sur 10 sont ses ex. « On ne peut pas détester ou bannir une ex, on est obligées de bien s'entendre. Le milieu gay est tout petit à Paris, on vit en huis clos, donc autant être copines ! » Wow. En plus, à Paris comme ailleurs, la gouine est tendre, pas très plan cul (contrairement à ses copains masculins), et une blague résume mieux que tout son côté romantique : « Que font deux lesbiennes lors de leur deuxième rendez-vous ? – Elles commandent le camion de déménagement. » Eh oui. Ce sont des filles, quoi. Généralement, une fois en couple, elles nidifient.

Être Parisien et gay

Vous êtes un garçon, vous aimez les garçons, vous vivez à Paris, et vous vous demandez avec angoisse s'il existe un salut hors du Marais ? Oui et non, mais tout va bien. Faisons donc le tour du gai Paris pour savoir où et comment être un fantastique homo parigot.

Selon le site www.paris-gay.com, notre chère cité est la « ville la plus gay de France ». Certes, dans nos campagnes (et nos villes de moindre densité), il est plus difficile de se faire des bisous entre hommes dans la rue. À Paris, vous pourrez vous afficher dans ce qu'on appelle les limites de la décence, sans trop risquer qu'on vous jette des pierres. Bien sûr, comme nous l'avons dit dans le chapitre consacré aux homos filles, il existe partout des porcs mononeuronés capables de vous insulter (voire, s'ils sont un peu imbibés, de vous casser la gueule), mais cela devient tout de même plus rare. Surtout dans les quartiers branchés, que, comme tout bon Parisien, vous fréquenterez le plus.

Fierté : nous avons eu un maire homo !

Nous le savions depuis bien avant son élection (et sa réélection), l'ex-big boss de notre ville, Bertrand Delanoë, aime les hommes. Et cet ancien maire, s'il n'a rien fait de révolutionnaire pour améliorer la condition gay dans sa ville, a tout de même eu l'intelligence et le courage de faire son coming-out, puis d'augmenter les subventions municipales de certaines associations gay, antihomophobes et luttant contre le sida. Il ouvrait aussi régulièrement la Gay Pride. Et un maire gay à Paris, c'est un peu comme un président des États-Unis métisse : l'espoir que l'humanité progresse. *Yes, we can.*

Le Marais, un ghetto ?

Évidemment, qui dit Paris homo, dit Marais. Les IIIe et IVe arrondissements sont les plus agréables à vivre pour les homosexuels – même s'ils sont beaucoup trop chers – parce que c'est là que se concentrent les lieux les plus « open » de la capitale. Alors oui, ça fait ghetto. Mais comme le dit très justement l'un de mes copains gay : « Tant que deux mecs ne pourront pas s'embrasser partout dans la capitale, il y aura des ghettos. » Certes.

Gay, pédé, homo… ?

Tout comme pour les lesbiennes, il existe une multitude de termes qualifiant les hommes qui aiment les hommes, mais généralement, il faut savoir comment et avec qui les employer. Un gay qui dit « pédé », ça va. Un homophobe qui dit le même mot, ça ne va pas du tout. Trop de termes désignant les homosexuels sont à la base des insultes : « pédé » vient de « pédéraste » (!), « gay » signifiait autrefois « immoral », et on ne vous parle même pas de « tapette » ou de « tarlouze » dont l'emploi est à totalement bannir de votre vocabulaire si avez un minimum d'intelligence. Il est parfois possible de se réapproprier ces mots étranges pour les apprivoiser et les adoucir, par exemple en utilisant le verlan (« dep » étant assez mignon), mais attention à ne pas véhiculer des mots dérangeants sous prétexte d'ouverture d'esprit. D'une manière générale, « gay » ou « homo », c'est mieux. *Of course*, si vous êtes vous-même gay, vous pouvez tout vous permettre, même la fameuse féminisation des mots (« elle » en parlant d'un homme), mais plutôt pour dire du mal.

Portrait-robot du gay parisien

Si les lesbiennes sont souvent de gauche, il semblerait que les homos mecs sont plus souvent de droite (oui, je sais, sauf l'ex-maire).

Leurs métiers les plus fréquents sont coiffeurs (désolée pour le cliché), stewards (désolée pour le cliché – bis), barmen, serveurs, maquilleurs, artistes… et souvent, aussi, employés de banque. Comme le dit mon pote Nico : « On n'en trouve pas assez chez les ingénieurs, et c'est bien dommage. » Pourquoi ? Mystère. Peut-être qu'ils se taisent. Souvent, on n'affiche pas son homosexualité au boulot. L'un de mes copains gay bosse dans la pub, et même dans ce milieu apparemment fun, il doit la jouer profil bas.

Le gay parisien n'échappe pas au cliché du sport et va souvent se muscler le haut du corps – pectoraux et biceps – au Club Med Gym Palais-Royal ou au Gym Louvre (avec sauna inclus, pour pratiquer un autre genre de sport au sous-sol).

Il aime beaucoup les séries télé et adore partir en vacances à Barcelone, Ibiza, Berlin, Londres, Miami, aux Canaries, aux USA, mais aussi au Brésil ou en Australie pour les carnavals.

Looks types du gay parisien

Tout comme pour les hétéros ou les lesbiennes, si vous êtes homo et vivez à Paris, vous avez l'embarras du choix pour vous saper selon votre style. Mes copains gay classent plusieurs tribus dans leur communauté :

- Les « cheaps », habillés en Delaveine et Kaporal, coiffés tecktonik, avec chaussures pointues et jean bleach. Bien entendu, ce look vous est formellement interdit si vous voulez devenir un Parisien stylé digne de ce nom.
- Les « frapettes » (contraction de « petite frappe » et de « tapette »), restés bloqués dans les 90's, un peu « cailleras », superbeaufs, rasés de la tête et sapés en total look Adidas. Même interdiction que pour le look précédent. Je ne rigole pas.
- Les « inrocks », en slim et petit blouson, tee-shirt « V-neck », mignonnes baskets type Spring Court, cheveux longs, barbe ou moustache, habitués de chez The Kooples. Ce sont ceux

qui me font regretter de ne pas être un garçon quand je les croise dans ma rue (oui, je vis dans le Marais, et je suis une fille hétéro, comme quoi, le ghetto a ses limites).

- Les « city », sapés en marques de pied en cap, avec trench noir, jean Dolce ou Kooples, cabas Vuitton porté au coude. Très Fred Perry.
- Les « dinosaures-cuir », généralement la cinquantaine, avec blousons de moto, bombers et compagnie (non, pas la casquette du moustachu des Village People non plus, c'est totalement out aujourd'hui).
- Les « cool », sapés en Levi's, Carhartt, Scotch & Soda et G-Star, style new-yorkais, avec chemise à carreaux, jean, baskets. Pas trop *show-off*, type viril et soigné.

La difficile vie amoureuse du gay parisien

J'ai une très mauvaise nouvelle. *Dixerunt* des locaux aguerris : « Le pédé à Paris est super dur. » Hélas, cet adjectif n'est ici employé qu'au sens mental du terme. Facilement méprisant, le sourcil froncé et le cœur fait de pierre, le Parisien gay parle peu, ne se laisse pas facilement aller à la tendresse, préférera s'arracher trois membres plutôt que de dire qu'il a juste envie de câlins, et hallucine souvent quand il tombe sur un tendre à Amsterdam ou Barcelone (villes où être adorable avec son coup d'un soir ne fait pas de vous une fillette ridicule, mais juste quelqu'un de sympathique). Pourquoi cette froideur dans notre belle capitale ? Mystère. Surjouer la virilité permet peut-être d'éviter les clichés homophobes, et de cela peut découler ce côté « supercul » que traîne la réputation des gays. Bien plus cash que les hétéros (et que les lesbiennes), les homos se chopent vite, dansent torse nu pour vendre la marchandise, fréquentent saunas et « bars à cul », mais, bien entendu, cherchent avant tout l'amour.

À noter : il semblerait qu'actuellement, la *hype* totale en couple soit d'avoir un ou deux amants officiels en plus de son régulier. Les PACS sont peu fréquents et les bébés aussi. Dans la mesure où ce qui est peu fréquent est souvent recherché, je vous conseille donc vivement de vous diriger vers ces deux cas de figure.

Où sortir le soir ?

Vous trouverez sur certains sites Internet (Têtu Clubbing, Paris Gay Village...) des infos intéressantes concernant le gay Paris. En attendant, voici une liste non exhaustive des lieux préférés de l'homo parisien :

- Côté bars, l'Open Café (17, rue des Archives), Les Souffleurs (7, rue de la Verrerie), le Cox (15, rue des Archives), le Cud (12, rue des Haudriettes), le Freedj (35, rue Sainte-Croix-de-la-Bretonnerie) et le Duplex – surtout si vous êtes cinéaste ou éditeur (25, rue Michel-le-Comte).
- Côté clubbing, la DA des Bains a été reprise par l'ex-DA du Queen, Thibault Jardon. À La Loco, vous ne raterez pas les soirées « GAYDAR ». Même chose pour les « Eyes Need Sugar » (actuellement finies, mais elles peuvent revenir, on ne sait jamais), le Mix Club (avec Ludo, ex-Scream), les PopinGays (105, rue Amelot) et Le Bataclan pour ses « Follivores » et autres « Crazyvores ». Mais le plus *hype* aujourd'hui,

c'est d'être open et friendly au point de traîner aux soirées hétéros, *dixerunt* mes plus branchouilles copains parisiens qui aiment les garçons.

❖ Côté « rencontres amoureuses », sans rentrer dans les détails, sachez qu'il existe dans notre chère capitale de sympathiques saunas (IDM près du Palace, Key West vers la gare du Nord, et celui du Dépôt), de nombreux sites Internet (Gaydar, CiteGAY, GayRomeo), et quelques « bars à cul » pleins d'entrain (Le QG – 12, rue Simon-le-Franc –, le Bunker – 150, rue Saint-Maur – et Le Keller's – 34, rue Keller).

Pour finir, et bien que cela n'ait rien à voir avec Paris, j'aimerais rappeler au passage que les actes homosexuels sont encore passibles de peine de mort dans neuf pays de nos jours : Iran, Arabie Saoudite, Afghanistan, Mauritanie, Soudan, Nigeria (États du Nord), Yémen, Pakistan, Émirats arabes unis. L'humanité est merveilleuse.

[L'interview parisienne

Nadège Winter]

Mélange improbable de branchitude et d'humanité, de tendance et d'écologie, Nadège Winter a régné deux ans à la communication du palais de Tokyo puis six ans à celle de chez Colette (le magasin le plus trendy de Paris). Aujourd'hui, elle gère sa propre agence, un webzine vert (Greenkiss), le stylisme d'une marque de tricot branchée (Wool and the Gang)... Un parfait exemple de la trendygirl transversale, curieuse et pas tout à fait parisienne de cœur.

Nadège, es-tu parisienne ?

Je vis dans Paris *intra-muros* depuis l'âge de 20 ans. J'y ai mes principaux repères, ma famille, mes amis. Mais pour être honnête, je ne suis pas férocement parisienne, je ne le revendique pas. Mes sentiments envers cette ville sont assez ambivalents !

Qu'aimes-tu à Paris ?

J'aime l'esprit de cette ville, son romantisme, sa douceur de vivre... Pas par rapport aux autres villes de France, bien sûr, mais à d'autres capitales, plus violentes. On est assez protégés par rapport à d'autres pays. Il existe ici un mélange de lenteur et de vivacité qui me plaît et me repose.

J'aime aussi son histoire, sa beauté, ses monuments. On peut se promener des années dans Paris sans se lasser de la vue des ponts... Il y a des vrais moments magiques à vivre le matin ou la nuit, des histoires à saisir, des beautés à capturer.

J'aime marcher dans le Marais, à Belleville... Avoir l'impression que je dois sortir mon passeport pour aller rive gauche ! La rive droite me semble plus mixée, même si toute la ville est compartimentée, assez « ghettoïsée ».

J'aime les initiatives de Delanoë : le Vélib', la « Nuit Blanche », il a des idées et les met en œuvre.

Et que n'aimes-tu pas... ?

Côté grandes villes, je me sens beaucoup plus proche de New

York, par exemple : sa folie, son énergie, son ouverture, sa rapidité… Là-bas, tout le monde a sa chance. Ici, tout est plus archaïque. Les Parisiens sont très attachés au réseau, au passé, aux traditions. La vie parisienne ne se renouvelle pas tant que ça. On donne moins sa chance à la nouveauté. C'est parfois à la limite des francs-maçons ! Sans réseau, sans famille, une bonne idée a du mal à faire son chemin. Autre bémol : moi qui suis très sportive, je trouve que ça manque de parcs ! Pour faire un footing tranquille, je suis obligée de me lever à l'aube.

J'ai aussi un souci avec les chauffeurs de taxi : c'est moi qui n'ai pas de chance ou ils ne sont vraiment pas aimables ? ! Même chose pour les serveurs « vieille France » de certains bistrots. Les pauvres touristes qui viennent nous voir, ils ne doivent pas être déçus… ! *(Rires.)*

J'ai été confrontée, petite, à l'indifférence des gens : à l'âge de 12 ans, j'ai pris le métro toute seule pour la première fois, et me suis perdue dans les sorties de la station. J'ai essayé d'arrêter une douzaine de personnes pour leur demander de l'aide, et personne ne m'a écoutée ! C'est dingue, non ? Même si, je suppose, les gens font la gueule dans les métros du monde entier, je sens un certain manque d'hospitalité dans cette ville. C'est dommage.

Que penses-tu des Parisiens ?

Ils n'ont pas la chaleur des Latins, ni l'ouverture d'esprit des Londoniens… Mais pas, non plus, la superficialité des Américains. Je leur trouve quand même de la fierté, voire de la prétention, et les vois souvent afficher une certaine distance avec les autres, qui flirte avec la condescendance.

Ce qui m'étonne, c'est leur endormissement. Paris se repose beaucoup sur ses lauriers, sur ses vieux succès (la mode, le vin, le fromage, la littérature), en oubliant qu'ailleurs, les choses bougent ! Il est temps de se remuer et de cesser de se reposer sur nos acquis et notre histoire. Sinon, on va vite se faire dépasser.

Une partie de « mes » Parisiens m'insupporte… Il faut dire aussi que je vis dans un microcosme particulier, une ville dans la ville, un milieu très fermé, ultra-branché. Mais leur superficialité (du moins, pour certains d'entre eux bien sûr) est peut-être plus liée au métier qu'à la ville : la mode, la comm', sont du même genre à New York ou Tokyo. Mais mes amis, qui pourtant évoluent dans ce milieu aussi, sont des gens bien. Alors je ne veux pas forcément rentrer dans les clichés excessifs : oui, il y a de gentils Parisiens !

Le provincial branché : étude de cas

Interview des auteurs de *Bobos de merde*

Vous connaissez peut-être leur blog, ou alors, leur livre : Benoît Daragon et Bixente Barnetche sont les auteurs du site et de l'ouvrage *Bobos de merde* (Éditions Privé), au titre diablement évocateur… Leur cheval de bataille ? Le bobo, sa vie, son œuvre, ses habitudes, ses défauts et ses qualités. Ce sympathique duo, composé d'un Parisien pur souche et d'un Basque à l'accent chantant, avait des réponses à certaines questions capitales concernant l'habitant de la capitale. Mais aussi et surtout, sur les branchés vivant dans les villes des champs ! Rencontre au Fumoir, entre chocolat chaud et thé glacé.

Chers bobos de merde, êtes-vous parisiens ?

Benoît : Je suis né à Paris, ai grandi à Paris et, à 30 ans, j'ai coutume de dire que je n'ai jamais passé le périph… Autant être franc : je n'ai aucun recul sur ma ville !

Bixente : Je viens de Bayonne, où j'ai toujours vécu au même endroit, et je suis monté à Paris il y a 7 ans maintenant. Je continue à voter et payer mes impôts dans le Sud… Et j'ai une image assez négative des Parisiens. En fait, je m'admets bobo mais pas Parisien !

Benoît : Quand tu as débarqué, tu étais un cliché vivant, une vraie cagole ! *(rires)* Et maintenant, tu es un pur bobo. Je t'ai perverti !

Vous êtes très attachés à la Ville ?

Bixente : Cette ville m'a ébloui, je l'aime beaucoup, mais je n'oublie jamais d'où je viens, j'ai une attache très forte au Pays Basque. En revanche, je ne comprends pas les gens qui vivent en banlieue : quitte à être à Paris, autant être intra-muros, même dans une petite surface ! Sinon, il vaut mieux aller en province, non ?

Benoît : Oui, je suis fou de ma ville ; dès que je rentre de week-end, même si j'adore m'échapper, je ne peux pas m'empêcher de soupirer de bonheur et de soulagement dès le périphérique passé... « Maison » !

Question piège : le Parisien est-il forcément bobo ?

Paris tend à se boboïser, donc nos deux « personnages », celui de ton livre et celui du nôtre, se rejoignent certainement... Mais ça dépend de quel Parisien on parle. Le vrai hipster branché, ce n'est pas nous, ce n'est pas le vrai bobo, qui recherche des choses plus simples, moins onéreuses, « authentiques ». Et le bourgeois bling-bling non plus. Certes, ils sont tous dans la quête du cool, et atteints du syndrome de Peter Pan, mais là où le *hipster* va dépenser des sous dans des futilités, le bobo, moins. C'est son côté bohème ! Et puis, vraie différence : on trouve désormais des bobos et des branchés en province... Va dire à un Lyonnais qu'il ressemble à ton Parisien, tu vas te faire taper ! (*rires*)

Pourtant, à lire votre Tour de France des bobos*, je me dis que la province se parisianise !

C'est vrai, certaines villes tendent à abriter des lieux branchés, des ghettos bobos... Mais même si ses adeptes te feront penser aux Parisiens hype, ce ne sont pas des Parisiens qui ont émigré, ce sont des vrais locaux. Et d'ailleurs, tu noteras vite un décalage, des différences. Même si Madonna elle-même passe désormais ses vacances à Guéthary !

Justement, qu'est-ce qui différencie un branché provincial d'un branché parisien ?

En province, tu as moins de lieux où sortir, moins de distance entre les endroits, pas de problème de videur te toisant de trop haut, pas de fameuse « liste », et des prix plus abordables. Tout cela change déjà pas mal de choses. Le branché de province est moins pédant, se prend moins la tête. Revers de la médaille : il aura toujours un petit temps de décalage, un peu de retard sur la mode, et restera toujours un peu beauf... Mais au moins, ça lui évite les excès *fashion* – par exemple, la hype du nœud papillon n'a jamais dépassé le périph. C'est peut-être mieux ! (*rires*)

Quelles villes de province sont devenues branchées ?

Toutes les grandes villes de province se sont boboïsées ! Nous avons enquêté sur Lyon (très simi-

* À lire sur le site http://bobodemerde.com, leur « Tour_de_France_des_bobos », les villes de province sous l'angle bobo/branché, avec description, histoire et bonnes adresses.

laire à Paris, plus bobo que Paris peut-être même), Strasbourg, Lille, Nantes, Bordeaux (très bobo également), Toulouse... Ces villes ont beaucoup changé ces dernières années. La gestion municipale s'est intéressée au cadre de vie, les quartiers chic ont décliné tandis que les quartiers populaires sont devenus tendance, la crise a transformé les bourgeois en économes futés, l'écologie a modifié les comportements... Bref, la gentrification a sévi ! Comme à Paris.

D'autres raisons à cette « fashionisation » des villes de région ?
Plusieurs, certainement. Le TGV d'abord ! On organise plus facilement des événements loin de la capitale, comme le Big Festival à Biarritz ou d'autres events culturels en Méditerranée, parce qu'on peut y être en 2 ou 3 heures, ça compte beaucoup. Aussi, de plus en plus de Parisiens émigrent, bossent quelques jours par semaine à Paris et vivent dans une maison en province en fin de semaine. Enfin, Internet a évidemment joué un rôle majeur là-dedans : on bosse à distance, on est proche de tout, on bouge mieux. Du coup, la province existe en dehors de la haute saison, il se passe des choses dans l'année, le week-end... Ça aussi, c'est nouveau.

Revenons à Paris : quoi de neuf chez les bobos ?
Les bobos sont toujours sur le canal Saint-Martin à piqueniquer, mais ils investissent aussi pas mal le 20e arrondissement, Gambetta... Quant aux lieux où aller, c'est toujours le rythme de la « saisonnalité » : un jour, on apprend qu'il faut « absolument » connaître le Pompon, le lendemain, il faut fréquenter la Candelaria, en ce moment (septembre 2011), c'est le Silencio de Lynch... On ne sait pas toujours pourquoi ! Nous, on aime surtout être surpris, on adore par exemple les événements one-shot, qu'on apprend le jour même, genre barbecue improvisé à la cool sur le canal – ça, c'est très bobo !

Et pour finir, un peu d'amour : Benoît, qu'aimes-tu à Paris ?
Les endroits un peu cachés, un peu popu, ou qui font semblant de l'être... J'aime surtout la curiosité des gens, l'ouverture d'esprit qu'on ne trouve pas toujours ailleurs. J'aime aussi les personnes – très rares ! – qui assument de dire « Non, je n'ai pas lu ou vu ceci, et je m'en fous ! », contrairement à ceux qui en font des caisses en suivant le mouvement. La plupart des

Parisiens ont ce syndrome du « tout voir tout connaître », du « sortir à tout prix », moi le premier d'ailleurs, mais j'aimerais m'en débarrasser… C'est pas gagné ! (*rires*)

Et toi Bixente, ce que tu aimes à Paris ?

J'aime l'improvisation, le bouillonnement, la frénésie de ce qui s'y passe ! La vie culturelle riche, la liberté, l'agitation. En province, il faut prévoir, prendre la voiture, savoir où l'on va, et on a beaucoup moins de choix. J'aime la ville la nuit, marcher sur les quais, admirer l'architecture… C'est cliché mais je ne m'en lasse pas. En revanche, il me manque des espaces verts, de l'air l'été, et surtout des endroits calmes où se poser tranquillement ! J'aime les endroits cachés. Comme tous les bobos !

Leçon 3

LES DÉPLACEMENTS DU PARFAIT PARISIEN

« Le Parisien adore qu'on lui dise que sa vie n'est pas une vie. Il se flatte de son endurance. »
Alain Schifres, **Les Parisiens**

Intra-muros, Paris est minuscule : à peine plus de 100 km^2 ! Pourtant, les habitants ont trouvé nombre de moyens différents pour arpenter ses rues : à pied, vélo, scooter, moto ; en métro, bus, taxi, tram, voiture ; découvrez les modes de déplacement d'une ville sans cesse en mouvement.

Être Parisien(ne) à pied

La base, l'essentiel. Sachez-le : tout(e) Parisien(ne) qui se respecte adore se balader à pied dans sa ville mythique. Du moins, c'est que vous devez absolument prétendre pour devenir l'un d'entre eux.

La marche du Parisien, une déclaration d'amour

Attention, jeune apprenti : pour appartenir à cette ville, le vrai Parisien doit déclamer régulièrement qu'il

« aime arpenter les rues de Paris », de préférence la nuit (« C'est tellement beau, je ne m'en lasse pas, surtout les ponts. »), de préférence des heures (« Hier ? Oh, je me suis simplement baladé à pied, de Montmartre à Bercy. »), et dans des quartiers mythiques (« Quand j'ai besoin de réfléchir, je déambule : sur les quais ; dans le Marais ; à Belleville » – rayer la mention inutile). Air humble et pénétré à la clé.

Car aimer marcher dans Paris = aimer Paris. Or, vous devez savoir que tout bon Parisien VÉNÈRE sa ville. Il l'idolâtre. Ou la déteste, n'en peut plus, mais « ne pourrait pas vivre ailleurs ». La quintessence de ce sentiment étant une sorte de relation passionnelle, comme deux amants embrasés qui s'aiment à la folie et se déchirent. Cela vous paraît étrange ? Pas du tout, c'est élémentaire. Prenez des notes, c'est très important.

Revenons à nos petons : pour devenir Parisien(ne), vous devez absolument déambuler au petit bonheur dans la capitale, et surtout le REVENDIQUER HAUT ET FORT. Peu importe si vous exagérez, voire mentez effrontément – tant que l'on ne s'en aperçoit pas. Vous pouvez par exemple proférer les phrases citées plus haut, ou d'autres de votre convenance, tant qu'elles contiennent une idée romantique de vous, nez en l'air, cœur pointé vers l'horizon, battant les pavés de votre royaume, l'écharpe flottant au vent. Vous devez chérir les promenades urbaines à n'importe quelle occasion : cafard, bonheur, besoin d'inspiration, cuite sévère, plus d'argent pour le taxi.

Le dilemme de la Parisienne

Attention : toute femme expérimentée sent venir le piège… À savoir : comment arpenter ces damnées rues pavées pendant des heures avec style, et donc, avec DES TALONS... ? Question ardue, j'en conviens. Je répondrais, jeune apprentie, que si selon l'adage, il faut souffrir pour être belle, c'est de la rigolade comparé à ce qu'il faut endurer pour mériter le titre ô combien convoité de « Parisienne ». Alors oui, on marche en talons, hauts de préférence, et on ne montre pas sa douleur. Les semelles « *Shop and Dance* » sont utiles ; et si c'est vraiment impossible (moi-même, je l'avoue, j'ai du mal), une paire de bottes cavalières ou de bonnes vieilles Converses, voire des ballerines ou des K. Jacques l'été, feront parfaitement l'affaire pour ne pas souffrir tout en ayant du style. Vous voilà soulagées.

Comment marcher à la parisienne ?

Facile ! Il suffit de se composer un air préoccupé, affairé, voire légèrement hautain. Travaillez bien cet air devant la glace car il constitue l'un de vos meilleurs passeports pour devenir parfaitement parisien, et ce, dans la plupart des situations (aller aux toilettes ou acheter du pain requiert également un air affairé et hautain, signature number one du citadin). Un regard intense et des sourcils froncés seront, en sus, du plus parfait effet.

Vous devez également, si vous êtes une fille, ne rater aucune occasion de vous regarder dans la glace (vitrines, miroirs, portes en verre, voitures sombres, lunettes de vieille dame...), discrètement mais sûrement.

Enfin, hommes comme femmes, tout est dans la cadence : un rythme de 7 km/h est acceptable ; au-delà, c'est merveilleux, en deçà, c'est un peu léger, mais vous progresserez. N'oubliez pas de bien claquer des talons. Une clope à la main est un accessoire bienvenu (souvent, malgré les interdictions de plus en plus drastiques, le Parisien fume, afin de s'assurer un certain style).

Enfin et surtout, ayez l'air fort mécontent quand quelqu'un vous ralentit (couple avec poussette, laisse de chien tendue en travers du trottoir, pauvre vieillard infirme… toutes ces anomalies qui devraient être interdites de cité). N'hésitez pas à manifester votre agacement en soupirant bruyamment – mais pas d'insultes, ce serait vulgaire.

Être Parisien(ne) en voiture

D'après Michel Audiard, « conduire dans Paris, c'est une question de vocabulaire ». Certes, et de nerfs solides, aussi. Vous voulez rouler en voiture dans la plus belle capitale du monde ? Pas de souci, petit inconscient. Nous vous livrons ici tous les secrets pour y parvenir haut la main – et bas le pied. Amusez-vous bien !

Test simple : prenez une voiture immatriculée 75, baladez-vous dans n'importe quelle région de France, et observez le comportement des gens que vous croisez. Bras d'honneurs, regards exaspérés, insultes… Qu'on se le dise : le conducteur parisien est extrêmement célèbre. Sa malheureuse réputation franchit les frontières comme Johnny celles de la Suisse. Vous trouvez ça injuste ? Vous avez raison : le Parisien, roi du bitume, est pourtant un très bon conducteur. Et sa compagne la Parisienne n'est pas en reste, loin de là.

Mais question : comment les identifier, mise à part leur plaque au numéro si controversé ? Simple. Si vous voyez un conducteur (ou une conductrice) atteint du syndrome de Tourette qui klaxonne à tout va, double, s'énerve, ne connaît pas le mot « clignotant », accélère à l'orange, insulte les socialistes et se gare sur un trottoir en écrasant une poubelle tout en se remettant du rouge à lèvres au téléphone, vous pouvez être tranquille, c'est un(e) Parisien(ne).

Fasciné par ce portrait haut en couleur et ô combien pittoresque, vous souhaitez vous aussi savoir conduire en parfait capitaleux ? Facile ! On vous donne le mode d'emploi. Bon courage.

NDLR : Ça m'ennuie de l'écrire (les mentions légales m'ennuient profondément), mais j'y suis hélas obligée : « Prière de ne pas prendre au sérieux en tant que véritables conseils de conduite les lignes qui vont suivre, c'est de la blague et c'est dangereux. »

Merci de votre compréhension, voire de votre sens de l'humour.

Les dix astuces essentielles pour « bien » conduire à Paris

• Règle n° 1 : doubler tout le temps

C'est l'évidence. À ce stade des différentes leçons sur les habitants de la Ville lumière, nous savons que le Parisien aime être le plus fort, et le premier en tout. Aussi est-il parfaitement logique qu'au volant, il agisse de même. Être le premier en voiture, ça veut dire dépasser celui de devant. Et donc, doubler. Partout, tout le temps. Apprenez à slalomer, à vous infiltrer, à accélérer sans aucun sens commun, bref, à toujours griller les autres véhicules par tous les moyens possibles. Il y va de votre réputation.

- **Règle n° 2 : klaxonner à tout va**

Aaah, le doux chant du klaxon citadin... Telle une musique entêtante, il enchante votre quotidien et rythme toute promenade à travers la capitale. Si vous voulez être un vrai local, vous participerez à ce mélodieux concert, apportant votre propre instrument à la cacophonie ambiante. Alors vous aussi, klaxonnez ! Vous pensez ne pas en avoir l'occasion ? Bien sûr que si, malheureux ! Le secret, c'est qu'il n'y a PAS besoin d'une occasion... Il suffit de le faire tout le temps. Une voiture a mis (au moins) 2 secondes avant de démarrer au feu vert ? Klaxonnez ! Un piéton traverse alors qu'il en a parfaitement le droit ? Klaxonnez ! Une jolie fille passe sur le trottoir ? Klaxonnez ! Vous avez envie d'énerver tout le monde ? Klaxonnez encore et encore ! C'est tellement joyeux.

- **Règle n° 3 : se garer n'importe comment**

Très important, la façon de se garer. Vous avez appris à faire de sages créneaux en passant votre permis ? Oubliez tout cela quand vous conduisez à Paris, car ici, tout est différent. D'abord, on ne respecte JAMAIS les places de parking – c'est inutile et vulgaire. Garez-vous n'importe comment, n'importe où (oui, devant cette sortie de garage, là, c'est très bien, et cette sortie de pompiers, aussi ; le trottoir, c'est parfait, et la place réservée aux handicapés, encore mieux). Ensuite, n'hésitez pas à retrouver votre âme d'enfant en faisant de l'auto tamponneuse : pour vous glisser dans une place trop petite, le jeu consiste à pousser les pare-chocs de vos voisins de chaque côté afin de faire votre trou. C'est si drôle !

À noter : si vous vous inquiétez des contraventions en vous garant n'importe comment, sachez que tout bon Parisien qui se respecte a des prunes (non payées) dans son portefeuille. C'est comme un écusson de la ville, une preuve de votre appartenance. De toute façon, même si vous vous garez bien, vous en recevrez, alors autant ne pas se faire suer.

- **Règle n° 4 : s'énerver sans raison**

Cette règle aurait mérité de figurer en numéro 1. S'énerver au volant est, à Paris, une sorte de hobby pittoresque. Par principe, de la même manière que vous klaxonnez sans raison, n'hésitez pas à soupirer, à crier, à froncer les sourcils, à vous fouetter le sang et – surtout – à insulter tous ceux qui croisent votre chemin (de toute façon, ils feront pareil). Même si vous avez tort. Même si les messieurs qui vident les poubelles ou livrent des cartons, là, devant vous, font simplement leur travail – vous vous en foutez, de leur travail, vous êtes pressé. Ce vélo qui dépasse de la piste cyclable, cette femme qui ne sait pas faire un créneau (c'est normal, c'est une femme), cette vieille dame qui met une heure à traverser, quels boulets ! Tempêtez, colérez. Et vous ferez parfaitement couleur locale.

- **Règle n° 5 : ne jamais (jamais !) utiliser son clignotant**

Alors ça, c'est carrément un principe capital. À Paris, les voitures perdent automatiquement leur clignotant. Peut-être qu'en entrant dans la ville, on les démonte, ou alors les voitures vendues sous plaque 75 sont montées en série sans clignotant, mais toujours est-il qu'il n'a ici aucun intérêt, et l'utiliser est même très mal vu. Oubliez-le. Pour vous faire à cette nouvelle habitude, observez les taxis, ils sont très forts pour ça.

- **Règle n° 6 : narguer les radars**

Un bon Parisien sait toujours exactement où le Gouvernement planque ses radars. Aussi, l'un de ses sports favoris est de rouler à tombeau ouvert dans les zones libres, puis de freiner comme un hypocrite à l'approche d'une zone radarisée où il roulera sagement comme une grand-mère, un beau sourire aux lèvres. Avant de repartir écraser la population en lançant un grand rire sardonique. Vous allez me dire : « Mais comment sait-il où sont les radars, et pourquoi la police ne les déplace-t-elle pas afin de piéger les conducteurs… ? » Je m'abstiendrai de dire du mal de la police. Mais sachez que sur un site web, elle vous livre avec une naïveté touchante sa « carte des radars automatiques, des emplacements des radars mobiles embarqués et des caméras de surveillance installées dans les couloirs de bus », afin d'être sûre que vous sachiez où elle se trouve. Tout est normal.

- **Règle n° 7 : accélérer à l'orange**

Dans la mythique série télé *Twin Peaks*, de David Lynch, l'agent du FBI Dale Cooper remarque avec ravissement que dans ce village américain, on ralentit au feu orange. Cooper, comme les Parisiens, a plus l'habitude des grandes villes où le feu orange ne signifie pas du tout « attention, calme-toi, c'est bientôt rouge », mais bien au contraire « vite, vite, appuie sur le champi', sinon tu vas rater le coche ». Sachant que la vraie classe, c'est de le passer à l'orange bien mûr.

- **Règle n° 8 : faire plein de trucs sympas au volant (sauf conduire)**

Les Parisien(ne)s, vous le savez bien maintenant, n'aiment pas faire comme tout le monde. Ils aiment se distinguer et marquer leur différence, loin des vulgaires moutons de Panurge. Eh bien, au volant, c'est pareil ! Puisqu'une voiture est faite pour conduire, eux, ils préfèrent y pratiquer d'autres activités : téléphoner en *conf-call*, se curer le nez, se remaquiller, écrire des textos, lire un bouquin, fumer une clope, boire un verre, broder un canevas au point de croix… Pressé, le Parisien pratique le « temps masqué » et aime faire plusieurs choses à la fois. Bien sûr que c'est dangereux, mais c'est utile et rigolo. Parfois, les flics s'en aperçoivent et sévissent. Mais toujours, le conducteur parisien recommence. Quelle force de caractère, quand même, c'est admirable.

- **Règle n° 9 : insulter les socialistes**

Le Parisien en voiture n'aime pas les socialistes. Même s'il est de gauche, et même s'il s'appelle Jean-Michel Delanoë. Car les socialistes veulent la mort de la voiture à Paris. Le « Plan de déplacements » de la mairie vise à réduire considérablement la circulation automobile dans la capitale d'ici à 2020, grâce au vert Denis Baupin. On parle de 40 % de réduction de la circulation par rapport à 2001. C'est de là que sont nés, par exemple, les murs de lamentation qui protègent dorénavant les voies de bus, le fielleux projet de fermer la voie Pompidou (meilleure amie des conducteurs parigots) ou encore l'« Autolib' », Vélib' des voitures. Tout ceci est pain béni pour les Parisiens non-conducteurs, mais élucubration du diable pour les autres. Choisissez votre camp.

• **Règle n° 10 : aimer la foule**

Soyons clairs : dans les rues, plus on est de fous, plus on rit, et tout ce cirque (= les neuf règles précédentes) ne vaut le coup que si vous êtes nombreux ! La vraie teuf parisienne, c'est sur le bitume qu'elle a lieu. Quel intérêt de rouler n'importe comment si vous n'avez pas d'amis conducteurs autour de vous avec qui vous insulter gaiement, voire vous rentrer dedans ? Que vaut le périphérique quand il est vide et non dangereux ? Pourquoi partir en vacances en décalé, au risque de rater les bouchons qui poussent Bison futé au suicide ? Un vrai conducteur parisien ne roule qu'aux heures de pointe dans les lieux les plus fréquentés, il connaît les *places-to-be* et aime retrouver ses amis en foule dans les endroits qui comptent. Un peu comme pour les bars, en somme. Quel hypeur, celui-là, alors.

Être Parisien(ne) à deux-roues

Sans égaler Rome, Paris est tout de même une sacrée ville à scoots et motos. Ultra-pratique, mégadangereux et merveilleusement addictif, le deux-roues peut devenir l'un de vos meilleurs atouts pour être un(e) parfait(e) Parisien(ne) pur jus. Domptez-le sans attendre !

De la vieille Vespa à la Triumph Daytona 675, du bébé scoot au gros MP3, de Yamaha à Piaggio en passant par Harley, notre chère Ville lumière regorge de deux-roues motorisés qui s'agitent et bourdonnent gaiement telles des abeilles à la ruche. Tentant, ce mode de déplacement permet d'éviter – en partie – les classiques problèmes du conducteur de voiture : embouteillages, parkings, camion des poubelles bloquant la rue pendant une plombe... Il permet également d'éviter la RATP (ce qui parfois, n'est pas un mal) et les taxis (ce qui n'est jamais un mal). Et donne à son propriétaire une autonomie, une liberté et un gain de temps proprement fantastiques. Certes, c'est extrêmement dangereux. Généralement, plus on a d'expérience, moins on roule vite (ou bourré). Quoi qu'il en soit, le deux-roues local, très souvent adopté par les vrais amoureux de Paris, n'a rien à voir avec son cousin des champs : apprenez donc toutes les ficelles de cet étrange animal parisien afin de le chevaucher fièrement *intra-muros*.

Quel modèle choisir pour être un bon biker parisien ?

La bonne nouvelle, de ce côté-là, c'est que presque tout est possible. Avec ou sans permis voiture, avec ou sans permis moto, avec ou sans expérience, avec ou sans beau design, avec ou sans neurones, vous pouvez toujours trouver chaussure à votre roue.

1. Côté motos

Bien sûr, on ne va pas se mentir, vous êtes – je vous le rappelle ! – à PARIS. Donc vous évitez les deux-roues ploucs, bourrins ou en plastique jaune, un minimum d'élégance étant tout de même requis. Si vous êtes un homme viril, vous adorez les belles motos qui en ont sous le capot, mais gardez une certaine sobriété (pitié, surtout pas de bike de cross aux couleurs vives, blouson en cuir bariolé et casque assortis). Les belles BMW, par exemple noir mat, sont parfaitement dans le mood de la ville. Les Vmax aussi, parce que ça fait vintage. Le top étant la Harley, cela va sans dire.

2. Côté scoots

Si vous faites plutôt partie des Parisiens minets, rockers, écrivains, journalistes ou pubards, la bonne vieille Vespa tenant toujours le haut du pavé du style, vous pouvez choisir l'un de ses modèles les yeux fermés (rouvrez-les juste pour conduire). D'une manière générale, les 50 cm^3 sont à éviter : trop petits, trop lents (et donc plus dangereux), un peu petite frappe.

Les 125 sont beaucoup plus acceptables. Piaggio, Yamaha ou Honda étant les marques les plus sûres. À noter : actuellement dans Paris, la hypitude totale est au MP3, ce gros scoot à trois roues (les deux roues étant devant, hein, pas derrière, on n'est pas en maternelle). Très sécurisants, bien dessinés, ils permettent de faire les farauds en ne posant jamais le pied par terre, et cartonnent actuellement chez les jeunes branchés. Bon, ils coûtent un bras, mais ça c'est Paris, vous le savez bien maintenant.

Où garer son deux-roues à Paris ?

Épineux problème. Le top du top, c'est évidemment de se trouver un emplacement sur parking deux-roues (très bien faits, et de plus en plus nombreux). Ce qui n'est pas facile. La municipalité fait des efforts, mais il n'y a aujourd'hui que 36 000 places de stationnement pour les 110 000 deux-roues motorisés dans la ville. À une époque, on pouvait se garer sur les trottoirs pour pallier le problème (à condition de ne pas gêner le passage bien entendu), mais en 2003, la règle a changé. Du coup, le nombre de contraventions pour stationnement sur les trottoirs a augmenté de 364 % entre 2003 et 2006… ! Je crois y avoir beaucoup contribué.

Alors, quand on ne trouve pas de place dans les parkings deux-roues (qui sont vite pleins), où se garer ?

Vous avez le choix entre :

- ❖ Un parking perso : si vous avez la chance d'en avoir un avec votre appart' ou votre maison, c'est super. Enfin je vous dis ça… Mon deuxième scoot s'est fait voler dans un parking souterrain privé, accessible par carte, et enfermé dans un box cadenassé. Mais je ne suis pas un bon exemple.
- ❖ Le parking du bureau : si vous travaillez en entreprise, n'hésitez pas à garer votre scooter dans le parking de la boîte si vous le pouvez. Enfin je vous dis ça… Moi, à part l'hiver ou quand il pleut, j'ai trop la flemme, je le laisse dehors. Mais je ne suis pas un bon exemple.
- ❖ Le parking payant : alors là, je dis non, je m'insurge et je crie. En bas de chez moi, il existe un parking qui propose le tarif suivant par mois : 255 euros pour les voitures, 150 euros pour les deux-roues. Pardon mais je ne suis pas milliardaire. Mais je ne suis pas un bon exemple.
- ❖ Le trottoir : 35 euros d'amende. Les flics passent toutes les trois minutes. C'est vous qui voyez. Personnellement, je pratique assez. Mais je ne suis pas un bon exemple.
- ❖ Les emplacements voitures : souvent, il reste un espace suffisant entre deux voitures pour pouvoir y glisser son deux-roues sans gêner leur sortie. Souvent, on a trop envie de se mettre là, parce que c'est pratique, joli, facile.

Mauvaise nouvelle : en vous garant là, vous pouvez 1. écoper d'une amende (ça dépend des pervenches, certains vous verbalisent, d'autres non, il n'y a aucune logique), 2. vous faire renverser votre scooter (par l'automobiliste énervé qui veut se mettre là), 3. retrouver votre moto sur le trottoir (des automobilistes se sont dit que vous seriez mieux là). Bref, ce n'est pas une super idée. Personnellement, je le fais tout le temps. Mais je ne suis pas un bon exemple.

Comment conduire « à la parisienne » à deux-roues ?

Un peu comme pour les automobilistes, le motard ou *scoot-man* parisien se doit de respecter quelques règles absurdes s'il veut ressembler aux locaux.

Et là encore, je précise : *« Prière de ne pas prendre au sérieux en tant que véritables conseils de conduite les lignes qui vont suivre, c'est de la blague et c'est dangereux. »*

Merci de votre compréhension, voire de votre sens de l'humour.

Pour « bien conduire » à Paris, vous devez absolument :

- vous faufiler comme une anguille entre les files de voitures, bien sûr. Même si elles sont en train de rouler. Même si certaines risquent de déboîter sans clignotant. Même si vous flippez comme un dingue ;
- prendre des sens interdits, des pistes cyclables, des trottoirs. Sinon, pourquoi rouler à deux-roues ? Ah oui, les voies de bus aussi, 80 euros

d'amende. Ma spécialité. Surtout celle du boulevard Magenta ;

- klaxonner autant que les voitures (il n'y a pas de raison) ;
- téléphoner en conduisant (il n'y a pas de raison – *bis*), le portable dans le casque, bien calé contre la mâchoire, ou alors avec une oreillette filaire ;
- devenir totalement fou quand les voitures, au lieu de vous laisser passer, font exprès de mal se positionner pour que vous aussi, vous soyez bloqué (les autos sont jalouses des deux-roues). Harcelez le conducteur au klaxon pour qu'il se décale et vous laisse passer. Au besoin, explosez un ou deux rétroviseurs pour vous faire comprendre. C'est plus vivant ;
- faire queue de poisson sur queue de poisson (pour saisir la technique, observez les coursiers) ;
- vous garer sur les trottoirs (oui, malgré les prunes. Vous êtes parisien, vous aimez les prunes) ;
- déclarer la guerre aux vélos, ces créatures du diable qui grillent tous les feux en vous toisant de haut parce que « eux, ils ne polluent pas ». Certes, ils ne polluent pas, mais ils manquent de provoquer 382 accidents par jour grâce à leur façon si spéciale de respecter le code de la route. Ce sont vos ennemis. Ce sont des hyènes. Jetez-leur des regards de colère aux feux rouges (ah non, pardon, ils n'y restent jamais) ;
- connaître Paris comme votre poche – vous devez pouvoir aller partout par les meilleurs chemins. Sinon vous n'êtes pas un vrai Parisien, et encore moins un vrai deux-roues parisien. Ça

se travaille. Idem pour les stations d'essence, surtout celles ouvertes la nuit ou le dimanche ;

- ne jamais attacher votre deux-roues. Oui, c'est risqué. Mais ça vous soûle. Et puis ça salit les mains ;
- devenir très ami avec votre garagiste. Il va vous devenir plus essentiel encore que votre médecin ;
- maîtriser la conduite sous pluie. Un enfer. Mais on ne va pas prendre le métro pour autant, quelle horreur ;
- sauf, à la limite, en cas de neige (ce qui arrive trois jours max par an ici), utiliser votre scoot jour et nuit, sans jamais l'abandonner. C'est votre double, votre moitié, votre tiers si on compte votre téléphone portable. Utilisez-le pour vous rendre au boulot, sortir, aller au sport, chercher le pain.

Les accessoires indispensables du biker parisien

- Un casque modulable (= pas un bol, pas un intégral, mais le modèle où la mâchoire se relève en faisant « clac-clac »). La classe ultime.
- Pas de pare-brise (on ne voit rien dès qu'il pleut – c'est-à-dire tout le temps – et dès qu'il fait nuit). Mais surtout, c'est laid.
- Un tablier fixé à l'avant du scooter (parce qu'il pleut tout le temps, et qu'il fait souvent froid, et que si vous êtes une fille, les robes vous laissent les gambettes à l'air).
- Un top-case de taille conséquente (même si c'est stylé de vous balader avec votre casque

à la main, vous serez vite content de vous en débarrasser).

- Une paire de lunettes de soleil (certes parce que vous êtes une star, mais surtout parce qu'à deux-roues c'est indispensable).
- Un plan de Paris (ou l'appli'Maps de l'iPhone).
- Votre carte grise + permis de conduire (les flics adorent nous arrêter, je ne sais pas pourquoi, tenez-vous prêt aux « contrôles de routine »).
- Pour les filles : une paire de talons dans le top-case (au cas où vous soyez à plat et que la soirée s'improvise). Idem pour du maquillage, un pull, une bouteille d'eau... Votre scooter deviendra vite une sorte de minirésidence secondaire, d'où le top-case « de taille conséquente » mentionné plus haut.

Être Parisien(ne) à vélo

Même si, paraît-il, de nombreux vélos circulaient dans la ville avant 2007 (des fouilles archéologiques l'attestent), le Vélib' a fait de Paris une capitale folle de la bicyclette. Écolos, bobos, sportifs, curieux, courageux et surtout inconscients, nombreux sont les joyeux kamikazes qui le pratiquent régulièrement. Cette folie vous tente ? En selle !

Rouler à Vélib'...

Il y a quelques années, Bertrand Delanoë changeait la face du monde (... ou à peu près) en lançant le sacro-saint Vélib' à Paris. Système de location de bicycles en libre-service disponible 24 heures sur 24 et 7 jours sur 7, cette révolution à deux roues motrices a été acclamée comme le nouveau messie (alors qu'elle existait déjà à Lyon, mais bon). Nombreux sont ceux qui lui ont immédiatement voué un culte, et de fait, les avantages en sont nombreux : très pratique, pas trop cher, évitant d'investir dans son propre véhicule, permettant de gaiement rouler à travers la ville, bien répandu, le Vélib' a modifié le visage de Paris.

Le problème, c'est que les Parisiens ont également modifié le visage des Vélib' : en quatre ans d'existence, ces pauvres machines ont subi 6 000 dégradations, 8 000 vols, 3 500 plaintes auprès de la police, et demandent un sacré paquet de réparations par jour. Cadres voilés, guidons tordus, pneus crevés, paniers cassés, sonnettes en déroute, garde-boue tagués, voire même (pour les plus inventifs) « jetés » de vélos dans la Seine… Notre ami prend cher.

Outre son état pas toujours au top, le principal souci avec le Vélib', c'est de trouver où le garer quand les 1 800 stations sont pleines… *Dixit* l'un de mes frères : « L'anecdote typique, c'est le plan moisi à 3 heures du mat', sous la pluie, avec aucune station libre pour laisser le vélo. Et dès que tu croises un gars sur un Vélib', tu sais que c'est lui ou toi pour la potentielle place qui traînera dans le quartier. Un vrai duel de cow-boys. »

… ou bien s'offrir un vélo perso ?

Parce que les Parisiens sont avant tout des esthètes (et des consommateurs surexcités), nombreux sont ceux qui choisissent d'acquérir leur propre vélo. Côté snobisme, bien sûr, c'est un must : rouler avec votre monture hollandaise Electra, chevaucher votre Kronan, voire votre british Pashley, en jettera bien plus qu'un vulgaire Vélib' fatigué. S'il est vintage, vous cartonnerez, si la selle vient de chez Brooks, vous serez un prince, et si en plus vous avez commandé le guidon aux US chez Workerman (avec leurs pièces uniques en bois, plus bobo tu te suicides), vous serez le king du bitume.

Bien sûr, après, ne vous étonnez pas si vous vous le faites voler : à Paris, le rapt de bicyclettes est un sport national, et vous vous ferez régulièrement soulager de votre selle, de vos roues ou de vos lampes. Comme le dit mon autre frère (oui, ma fratrie est très vélo), posséder un vélo oblige à se balader en permanence avec une roue, deux antivols de 2 kg et une selle sous le bras. Accessoires *fashion* s'il en est.

Rouler dans Paris : une utopie ?

Ah, rouler dans Paris à vélo… Vous imaginez déjà l'air frais dans vos cheveux (puisque le casque, c'est moche), le soleil jouant coquinement avec vos yeux, et les pavés se courbant doucement sous vos roues. Dans les charmantes ruelles de la capitale, les voitures vous sourient, les feux s'inclinent au vert, les pigeons chantent comme des rouges-gorges. Pour un peu, vous évoluez dans une photo de Doisneau, Amélie Poulain vous hèle depuis son bistrot et la scène se passe en noir et blanc, au ralenti. Vous arrivez au travail souriant, sexy et délicieusement détendu par cette balade sportive et néanmoins délassante.

STOP. Ceci est un fantasme. La réalité, c'est plutôt un reportage au Koweït en 1990. Cerné de toutes parts par des engins monstrueux (voitures, motos, scooters, camions), vous êtes assommé par les bruits de la capitale folle. Et atrocement étouffé par les gaz d'échappement en rafales, que, essoufflé par l'effort, vous avalez en quantités phénoménales jusqu'au fond de vos pauvres poumons. Les pavés ne se courbent pas du tout, ils vous font soit tressauter comme du pop-corn, soit glisser sous la pluie. Les boulevards sont hystériques, les ruelles ont la mauvaise idée d'être en pente, les voitures vous insultent et les pistes cyclables sont envahies de piétons distraits ou de scooters énervés. Vous arrivez au travail épuisé, en sueur, imbibé de gasoil et ultra-stressé par cette course contre la mort. Mais c'est sympa, sinon, le vélo à Paris.

Comment conduire son bicycle à la parisienne ?

Pour bien conduire à Paris, c'est simple : il suffit de faire n'importe quoi. Et pour le justifier, vous bénéficiez magiquement de deux cris de guerre : le premier étant « Hé, ho ! Je suis à vélo, je suis le plus fragile, moi ! », le deuxième étant : « Hé, ho ! Je suis à vélo, je ne pollue pas, moi ! »

En effet, parce que vous êtes le plus faible et que vous ne produisez comme CO_2 que celui sortant de vos humbles poumons, vous pouvez absolument tout vous permettre : rouler à contresens, faire la course sur les trottoirs, gueuler contre les engins motorisés, vous garer n'importe où, insulter les forces de l'ordre, et bien sûr, surtout et avant toute chose : GRILLER LES FEUX COMME DES TERRORISTES SOUS ACIDE. Ça, c'est votre péché mignon, votre botte secrète, et c'est aussi la raison pour laquelle tous les autres véhicules vous haïssent profondément. C'est également la raison pour laquelle vous râlerez comme des pendus quand les flics vous colleront une amende de 90 euros pour cause de passage au rouge (vous ne comprenez pas : c'est pourtant votre droit, non... ?).

Et vous signerez une pétition totalement irresponsable qui fait la joie des internautes, celle du « Code de la rue ». L'idée de ce code de la rue étant que le plus fragile a le plus de droits, et ainsi de suite. Ce qui signifierait que personnellement, en tant que scooter, je pourrais couper la route aux voitures parce que je suis plus exposée qu'elles. Au secours.

Selon une étude, les cyclistes avouent à 77 % avoir déjà roulé sur les trottoirs, à 62 % ne pas avoir respecté les feux rouges ou avoir déjà pris des sens interdits, à 61 % ne pas avoir indiqué leurs changements de direction aux autres usagers, et à 31 % avoir pris la route en ayant un peu bu. 30 % déclarent avoir déjà commis au moins 5 de ces infractions (peut-être en même temps). Sachez-le donc : apparemment, à Paris, vous pouvez faire n'importe quoi à vélo, c'est la fiesta permanente.

Être Parisien(ne) en RATP

« Rentre Avec Tes Pieds », « Râle Autant que Tu Peux »... La RATP, surtout quand elle fait grève, se fait parfois tailler de bons costards par ses usagers. Mais soyons clairs : essentielle à la vie parisienne, ultra-pratique et même de plus en plus stylée (mais si), cette institution historique est un pilier essentiel à votre conquête de la ville. Métro, RER, bus et tramway sont définitivement vos amis.

Certes, à Paris, le Vélib' a tellement buzzé que notre copain de toujours, le métro, semble avoir perdu de sa superbe. Pourtant, le valeureux chemin de fer urbain rend service aux Parisiens depuis plus d'un siècle, et fait tout pour nous séduire. Les récents tramways et nouveaux modèles de Francilien se font beaux, et le bus, égal à lui-même, ramène toujours à lui une clientèle moins pressée mais fidèle. Sachez-le : en tant que bon Parisien, vous devrez absolument avoir un passe Navigo sur vous. Il vous faudra aussi connaître le réseau par cœur : numéros de lignes, couleurs, stations-carrefours, nombre de marches à monter à tel ou tel changement, fréquence des rames, raccords avec les lignes de bus ou de tram, position en début ou fin de train selon la sortie visée… En vous sommeillera un parfait agent de la Régie Autonome des Transports Parisiens, jamais pris en défaut de science locale. Mais pourquoi ce fol engouement pour le *subway* et ses collègues ? Explication en quatre actes.

La RATP, c'est le système sanguin de la ville

3 400 km de lignes de bus (dont 570 *intra-muros*), 30 km de lignes de tram, 214 km de lignes de métro (dont 170 dans la ville) sur 300 stations. 4,4 millions de voyageurs (!) par jour dans le métro… Certes, ce n'est pas toujours propre, ça ne sent pas toujours bon, c'est blindé aux heures de pointe et on y meurt de chaud l'été. Détail important pour les femmes : il est assez fatigant de courir en talons dans ses escaliers. Hélas, c'est également fermé la nuit (enfin, quelques heures). Et, oui, c'est parfois bizarrement fréquenté. Pourtant, le métro présente un taux de satisfaction des voyageurs de plus de 80 %. Pourquoi ? Parce que c'est tout de même le moyen le plus pratique et le moins dangereux d'effectuer un trajet dans la Ville

lumière. Plutôt fiable, pas trop cher (du moins, en rapport qualité/prix), on peut y lire, dormir, rêvasser pendant qu'on se fait tranquillement transporter. On peut même y ricaner en voyant des pubs ridicules, s'informer en chopant un quotidien gratuit à l'entrée, pester contre les musiciens qui font brailler leurs amplis (généralement, on leur donne des sous pour qu'ils s'arrêtent), et constater que les acteurs sur les affiches de cinéma se sont fait confisquer leur cigarette pour ne pas attenter à la pudeur de nos poumons. Bref, il y a de quoi se marrer.

La RATP, c'est tellement Paris

Regardez ces magnifiques bouches de métro « Art nouveau ». Respirez cet air confiné fleurant bon la cave, le caoutchouc et la sueur. Caressez de l'œil ces affiches taguées, ces néons pâles, cet éternel lapin rose qui depuis trente ans se fait coincer les doigts comme un sot. Nostalgie. Le métro parisien, c'est un pilier de la culture française. Le réseau est tellement imbriqué dans l'histoire de la ville qu'il chatouille tendrement l'ADN de chaque indigène – et c'est pourtant une motocyclée depuis douze ans qui vous le dit ! Le métro, c'est Zazie (pas la chanteuse, vous l'aurez compris), c'est Aragon, Cocteau, Prévert. C'est bien sûr et avant tout, le poinçonneur des Lilas du divin Serge. Ou encore le mythique *Subway* de Luc Besson, et *Le Dernier Métro* de François Truffaut. Même Fantomas en a un jour volé une rame, et Téléphone a « rêvé d'un autre monde » sur sa ligne 6. Bref, presque autant que la tour Eiffel, et malgré la concurrence exotique du « tube » londonien ou de la Skyline de Bangkok, notre métro est un monde de références bien ancrées dans la ville. Et donc, un outil essentiel pour votre apprentissage local.

La RATP, c'est ultra trendy

Ça paraît fou, mais les années ont beau passer, la *hype* du métro ne vieillit pas. Celle du bus non plus – au contraire, ce charmant mode de transport prend même de plus en plus de galon en raison de son côté vintage (on y voyage avec les retraités, sans se presser, en regrettant l'époque des plates-formes à l'arrière). Malgré le Vélib', malgré les scooters, malgré la lassitude des usagers le matin aux heures pleines, le réseau souterrain reste une star. On y a vu Keziah Jones y donner des concerts-surprises pour promouvoir son nouvel album. L'artiste Jam Abelanet y a photographié des femmes nues dans son recueil *Fantaisies souterraines : Nues dans le métro* (éd. Ragage). Les apéros-happenings en wagon font de régulières apparitions, la RATP s'implique en partenariat avec la « Nuit Blanche », et le célèbre « lapin du métro » compte près de 140 000 fans sur Facebook... *Last but not least,* on voit même des *hipsters* louer un bus avec chauffeur, buffet et DJ pour faire la teuf à 60 copains en roulant dans la ville (www.soireebus.fr). RATP ? Retour Annoncé d'une Tendance Parisienne.

La RATP, c'est écolo

Évidemment, cela va sans dire, c'est l'une des cartes maîtresses de la Régie : s'inscrire depuis toujours, comme la SNCF, dans une démarche globale d'économie d'énergie au moment où tout le monde commence à s'en préoccuper. Sobriété énergétique, faiblesse de ses émissions de gaz à effet de serre… : chaque année, 2 millions de tonnes de CO_2 sont économisées par le réseau, soit l'équivalent des émissions annuelles d'une ville de 150 000 habitants. Même du côté du bus, maligne, la RATP fait des efforts : le programme « Bus écologiques » travaille la filière du gazole dépollué et cherche d'autres possibilités. Un atout certain.

Être Parisien(ne) en taxi

Le taxi parisien, c'est un peu comme l'Alka-Seltzer un lendemain de cuite : bien qu'utile, on aimerait pourtant ne jamais avoir besoin de lui. Et souvent, on s'aperçoit avec effarement qu'on ne sait pas où le trouver. Conduit par les pires comme par les meilleurs, synonyme de sauvetage autant que de cauchemar, le tacot parigot se maîtrise plutôt facilement quand on sait par quel bout le prendre. En voiture.

Par rapport au reste de la France, Paris est extrêmement pourvu en taxis : si l'on compte moins de 50 000 véhicules sur le territoire, plus de 17 000 roulent dans notre belle capitale (et ses communes voisines). Ça paraît beaucoup ? Pourtant, la dernière fois que vous avez essayé de trouver un taxi en urgence, votre arrière-petit-fils est mort de vieillesse avant que votre recherche n'aboutisse. C'est un fait : à Paris, les taxis pullulent, mais on n'en trouve jamais quand on en a besoin. Souvent, ils conduisent comme des adolescents revanchards, et en plus, ils se permettent d'être désagréables. Je vous rassure : leurs clients aussi. Afin que tout se passe au mieux, apprenez à découvrir ce mode de transport joyeusement folklorique, typique et haut en couleur que nous nommons affectueusement le « *cab* », le « tacos » ou encore le « tax ». Bon courage.

Pourquoi c'est la guerre

Comme dit plus haut, il est extrêmement difficile de choper un taxi quand on en a besoin dans cette ville surpeuplée. Généralement, les bornes sont abandonnées, les appels sonnent dans le vide, et tous les véhicules que vous croisez sont occupés. Pourtant, chaque jour, 200 000 courses sont gaiement effectuées d'un bout à l'autre de la ville. Alors, pourquoi ce mystère ? Parce que, tout simplement, vous avez besoin d'eux en même temps que tout le monde : aux heures de pointe. C'est-à-dire le matin entre 7 et 10, et le soir entre 17 et 20. Plus, bien sûr, le samedi vers minuit. Si ça vous fait râler, cher apprenti Parisien, sachez que les pauvres conducteurs aussi : ces heures de pointe, surembouteillées, ne leur permettent jamais de faire leur quota pour vivre. Or, le reste du temps, ils ne trouvent aucun client. Ce qui explique, peut-être, leur humeur délicate quand, enfin, vous en trouvez un de libre. Quant à la nuit du samedi, sachez que c'est un créneau très sympathique pour eux, puisque généralement, les clients sont soûls, refusent de payer ou vomissent sur les sièges en cuir. Ambiance.

Comment trouver un tacos à Paris ?

Quelques petites astuces pour vous faciliter l'enfer.

• **Règle n° 1 : beware la lumière**

Déjà, sachez une bonne fois pour toutes que si la lumière sur l'enseigne n'est pas totale et blanche, c'est que le taxi est pris. MÊME S'IL N'Y A PERSONNE DEDANS (il a été commandé). Ça vous paraît évident ? À moi aussi, mais je ne compte plus les fois où je vois de pauvres hères lever le bras ou s'allonger désespérément sur la chaussée devant un taxi dont la petite lumière orange signale pourtant son indisponibilité. Ça m'agace, vous n'avez pas idée. Si j'étais chauffeur, je les écraserais un peu sans faire exprès.

• **Règle n° 2 : fréquentez les bornes**

Ensuite, quand vous galérez comme un fou à la recherche d'un *cab*, sachez que celui-ci ne se balade pas dans toutes les petites rues de la ville, sauf s'il y est obligé, et donc, chargé. Généralement, les taxis cherchant clients se rendent aux gares, ou aux bornes, ce n'est pas une légende. Ça vous ennuie de marcher jusqu'à une borne ? Vous n'êtes pas au bout de vos peines : figurez-vous qu'en plus, ils ne vont pas à toutes. Car certaines ne drainent jamais de clients. Astuce, donc : à chaque fois que vous prenez un tacos, demandez-lui quelles sont les bornes les plus actives, et notez. Ça peut vous servir plus tard. Pour appeler les bornes près de chez vous, composez le 01 45 30 30 30 (prix d'une communication locale). Et pour toutes les repérer sur un plan, cherchez sur le Net, il y a des cartes.

• **Règle n° 3 : chopez les bons numéros de téléphone**

On connaît tous Les Taxis Bleus ou G7. Problème : à l'heure où l'on en a besoin, généralement, on s'entend dire après 20 minutes de musique d'attente effroyable que désolé, aucun véhicule n'est disponible actuellement. Pour éviter ce genre de soucis, deux solutions : la première, c'est de commander votre taxi à l'avance. Certes, ça coûte un bras (5 euros de résa en heure de pointe + trajet du taxi jusqu'à vous, sachant que généralement, il arrive de Marseille). Mais c'est très reposant. Deuxième solution, absolument géniale : obtenir le numéro spécial d'une entreprise. L'un de vos amis, votre père ou une copine business-woman, a forcément un accès d'urgence (et gratuit, puisque c'est la boîte qui paie) pour obtenir un taxi rapidement sur le nom de son entreprise. Généralement, c'est un truc de chef qui se refile sous le manteau. Soulevez votre manteau, renseignez-vous, et une fois obtenu votre sésame, n'en parlez à personne. C'est un trésor inestimable.

- **Règle n° 4 : ne cassez pas leurs rétros**

Dernière chose. Si un taxi tout à fait libre refuse de vous emmener quelque part sous prétexte que ça l'emmerde (il ne le dira pas comme ça et invoquera plutôt sa fin de service, son refus d'aller à la Défense le matin ou le fait qu'il ne peut aller que dans l'ouest/est/nord/sud parce que c'est contre sa religion), ne vous énervez pas, n'insistez pas. Ça ne sert à rien. Ne cassez pas non plus son rétro, car s'il est physionomiste, vous sabotez peut-être un prochain sauvetage dans la ville un soir de disette. Les taxis sont vos amis. Toujours.

Do's et *don'ts* en taxi parisien

① La première règle de comportement dans un taxi parisien, c'est d'être aimable. C'est la seule. L'unique. Vous devez, quoiqu'il arrive, être merveilleusement poli(e), agréable et avenant(e) avec le chauffeur devant vous. Oui, même si celui-ci est odieux, conduit comme un chauffard et n'a, visiblement, jamais appris à employer ces mots étranges et rares que sont « bonjour », « merci » ou « au revoir ». Je vous le rappelle pour mémoire : c'est lui qui conduit... Si vous ne voulez pas qu'il ralentisse au feu vert, passe par la Bastille pour vous conduire de l'Alma à Boulogne, et ouvre grand la fenêtre par – 30 °C tout en augmentant le volume des *Grosses Têtes* à 400 décibels, vraiment, je vous en conjure, fermez-la. Je sais, c'est insupportable, et votre orgueil de Parisien en prend un gros coup. Mais le Parisien, s'il ne supporte pas de s'écraser, a aussi l'intelligence et la fourberie nécessaires pour savoir être hypocrite quand il le faut, c'est-à-dire quand il en a besoin : le taxi-con en est l'un des cas inévitables. Soyez fort. Seule exception : s'il fait des réflexions racistes (en traitant par exemple de « sale Arabe » celui qui vient de lui griller la priorité), là, oui, vous avez le droit de vous énerver.

② Si vous avez un itinéraire préféré, indiquez-le gentiment mais fermement dès le début du trajet. Mais là encore, si vous pouvez la fermer, c'est mieux.

③ Si vous n'êtes pas d'accord avec le tarif, fermez-la (oui, toujours) et révisez en cliquant sur www.taxi-paris.net.

④ Si vous avez commandé votre taxi par téléphone et qu'en entrant dans la voiture, vous constatez avec effarement qu'il y a déjà 17 euros au compteur, vous pouvez bien entendu râler et refuser de payer cette infâme arnaque, mais dans ce cas, vous irez à pied. Donc une fois de plus, fermez-la. Oui, je sais, le chemin est difficile jusqu'à la sagesse. Et jusqu'à l'aéroport où attend votre avion.

⑤ Pour éviter au maximum ce souci récurrent, ne croyez jamais l'opératrice quand elle vous dit d'une voix de miel que le véhicule sera en bas de chez vous dans 9 minutes. En fait, elle veut dire 4, et ricane intérieurement en pensant à ce que le chauffeur va se mettre dans la poche pendant les 5 minutes de différence.

⑥ Enfin, si vous tombez sur un chauffeur gentil (il y en a plein, je vous rassure), soyez gentil avec lui, même si votre journée ressemble à la région pashtoune un soir d'orage nucléaire. Il a besoin d'amour pour rester sympathique dans ce métier difficile. Ce sont parfois les clients parisiens qui rendent méchants les taxis parisiens. Un serpent venimeux qui se mord la queue. Pensez-y.

Pourquoi préférer les taxis deux-roues

Voici venir la partie la plus positive de cette partie : oui, il existe des taxis pratiques, disponibles et surtout capables de sauter par-dessus les embouteillages tels de jolis cabris enivrés de soleil. Je n'exagère pas. Ces taxis, ce sont les taxis-motos. Véritable révolution dans le transport des personnes à Paris, ces ovnis sont désormais courants et répartis sur plusieurs compagnies. *Grosso modo*, les tarifs se valent, et, je préfère vous le dire, c'est assez cher. Néanmoins, en cas de départ à Roissy un matin ou de grave retard un soir d'embouteillages, lâchez-vous. Côté équipement, ils ont tout ce qu'il faut. Côté amabilité, je n'ai pas encore compris pourquoi mais ils sont tous prévenants comme des mamans (et pourtant, j'ai fait le tour des différents prestataires). Enfin, pour les bagages, vous pouvez aller jusqu'à valise cabine + sac à main. C'est donc particulièrement futé pour aller prendre l'avion – surtout quand on sait que toutes les heures 700 taxis-voitures sont bloqués entre les aéroports et Paris.

Vous trouverez toutes les compagnies sur le Net.

Miss.Tic]

Poète, artiste plasticienne, Miss.Tic est une figure incontournable de Paris. Elle a beau exposer à Miami ou voir ses œuvres acquises par le Victoria & Albert Museum de Londres, son travail fait clairement partie de l'âme de la ville. Ses silhouettes et ses phrases énigmatiques, peintes au pochoir sur tous les murs de la capitale, accompagnent nos vies depuis déjà vingt-cinq ans.

Miss.Tic, êtes-vous parisienne ?

Oui. Je suis née à Paris et j'y ai toujours vécu – ce qui ne m'a pas empêchée de beaucoup voyager. J'ai fait un peu tous les coins, mais surtout habité le XVIIIe arrondissement, le Xe, le XIe aussi, le XXe, le Ier, le XIIIe…

Vous aimez Paris ?

J'en suis folle amoureuse. D'abord parce que j'y ai mes racines, et comme tous les gens nés quelque part, j'ai un attachement primitif à ma terre, je suis chez moi. Ensuite, j'aime ma ville pour son histoire, ce patrimoine magnifique qu'elle nous offre. Je l'aime aussi pour sa diversité : d'une rue à l'autre, on change de monde. On peut partir de l'Inde (dans le Xe), passer par Dakar (à Barbès), dire bonjour au vieux Paris des touristes (sur la Butte), descendre chez les bobos chics (aux Abbesses) pour finir dans la misère de Pigalle. Cette ville est une multitude d'univers. Je ne pourrais pas vivre ailleurs…

Y a-t-il quand même des choses qui vous déplaisent, ici ?

Je regrette que Paris ne soit pas plus festive. C'est une des capitales artistiques les plus importantes du monde, et pourtant, on fait des procès, on réprime la musique, la fête, la vie nocturne. Ça me gêne beaucoup. Je n'aime pas non plus la façon dont on maltraite certains quartiers… On n'entretient plus, on détruit, comme dans une certaine partie du XIIIe ou du côté de Ménilmontant.

Et les Parisiens, vous en pensez quoi ?

Bien sûr, on ne va pas se mentir : oui, ils font la gueule, ils ne sourient pas à la vie, et dans l'ensemble sont assez mal élevés. J'aimerais respirer un peu plus de courtoisie dans la ville, de la gentillesse envers les touristes... Mais je leur reconnais vraiment une certaine élégance, une façon d'être, une allure, le fameux chic parisien. Et franchement, on est mille fois plus ouverts d'esprit qu'en province. Je pense par exemple à notre quartier gay, ou au fait qu'ici, on peut être « adopté » : un étranger ou provincial venant vivre à la capitale pourra être un jour un Parisien, alors qu'un Parisien partant vivre en Auvergne ne pourra jamais devenir un Auvergnat.

Pourquoi avez-vous choisi de peindre vos œuvres sur les murs de la ville ?

Je viens à la fois des arts appliqués et du théâtre de rue : je suis donc très intéressée par l'espace public. Dans les années quatre-vingt, un mouvement d'étudiants des Beaux-Arts a commencé à mettre des œuvres dans la rue, et j'ai senti que j'avais quelque chose à y faire aussi. Je voulais faire lire ma poésie aux gens, et surtout m'inscrire dans la mémoire de Paris... C'est une sorte d'hommage à cette ville que j'aime. Je me suis « fait » Paris !

Actualité, publications et expositions à suivre sur www.missticinparis.com

LEÇON 4

LES SORTIES DU PARFAIT PARISIEN

« On ne peut vivre qu'à Lutèce, tu sais.
Le reste de la Gaule, c'est bon pour les sangliers. »
René Goscinny, **Les Lauriers de César**

Depuis le début de ce livre, nous constatons à quel point le Parisien « sort ». Il est temps de savoir où, pourquoi et comment. Restos, bars, cafés, bistrots, clubs, boîtes de nuit, musées, happenings, openings : maîtrisez les lieux, et maîtrisez-les bien. Vous verrez, c'est délicieux.

Être Parisien(ne) au restaurant

Habiter le 75 sans aller au resto, ce serait un peu comme vivre en Guadeloupe sans boire de ti-punch : un triste gâchis. Essentiel à votre vie mondaine, ce lieu de débauche gustative sera votre meilleur atout pour les soirées entre amis, rendez-vous amoureux et autres meetings boulot. Sachez donc le pratiquer avec doigté, et avec plaisir (ce qui est loin d'être incompatible, quand on y pense).

Ils ouvrent, ils ferment, ils changent, ils font des petits, ils font faillite... À Paris, des milliers de restaurants font la ronde en vous tendant les bras, et ça, c'est un des vrais grands plaisirs de la ville. L'auteur de ces lignes pense régulièrement à planter sa tente dans certains bistrots, voire à en épouser le chef, tellement elle aime ça. Et beaucoup de Parisiens sont d'accord pour dire que plus que le clubbing ou le shopping, le « restauranting » est *THE* activité locale par excellence.

Du boui-boui pas cher au douze étoiles chicos, du corse au japonais en passant par l'italien, le marocain, le savoyard ou le bio-super-sain, impossible de ne pas trouver votre bonheur dans cette foire à l'assiette. Aller au resto, c'est voyager un peu, sortir du quotidien – même si, pour être un vrai Parigot, l'idéal serait que cela devienne votre quotidien, mais bon, tout le monde n'est pas millionnaire non plus.

Les Parisiens raffolent du restaurant, parce que :

① C'est élégant d'y manger.
② C'est joli (la déco, les clients, le personnel).
③ On y voit des gens.
④ Des gens nous y voient.
⑤ Ça évite de faire à manger (le Parisien n'a pas le temps de faire à manger, et la flemme de nettoyer derrière).
⑤ Et oui, aussi, accessoirement, c'est bon (le Parisien, à force de se faire des restos, s'y connaît un peu en gastronomie).

Pour devenir un parfait Parisien, vous devrez donc sacrifier à la coutume locale et y aller le plus souvent possible. Mais attention, il ne suffit pas de bâfrer un steak dans la première gargote venue ! Découvrez la passion du resto à la mode parisienne à l'aide de quelques règles incontournables.

- **Règle n° 1 : aimer la « simplicité »**

Ne riez pas, c'est vrai. Les Parisiens vous l'affirmeront avec force enthousiasme et sincérité : ils adorent la simplicité. La « bonne bouffe », voire les « produits du terroir ». Le Parigot, qui mourrait d'emphysème aigu plutôt que de déménager de l'autre côté du périph', se transforme soudain en fils spirituel de Jean-Pierre Coffe et de José Bové lorsqu'il s'agit de manger. Les produits « vrais » n'ont aucun secret pour lui. Il ne tolère que l'extrême qualité, qu'elle soit encadrée par une déco signée Noé Duchaufour ou savamment cachée sous un « simple » torchon à carreaux. Le saucisson doit venir de chez Conquet, la burrata de la coopérative italienne, le Mont d'Or de chez Hervé Mons... Il veut faire « vivre les petits producteurs » et soupire d'aise devant un « petit plat tout simple » dont le prix avoisine le salaire du serveur. Il préfère un bœuf-carottes de compète à la cuisine moléculaire. Il est incollable en bonne bouffe et bonnes adresses, ou du moins sait bien faire semblant grâce aux newsletters du *Fooding* et du *Figaroscope* (auxquelles vous vous abonnerez impérativement). Il aime la bistronomie, qui propose de très bons plats dans des maisons abordables et sympathiques.

- **Règle n° 2 : préférer les lieux « comme à la maison »**

L'esprit « *home, sweet home* », c'est un carton absolu. Particulièrement en ce moment. Car si le bon Parisien a toujours adoré les restos où l'on se sent comme chez soi, une mode géniale fait l'unanimité depuis un an ou deux : le concept « appart' ». Tout a commencé du côté de la nuit, avec le Chacha et ses pièces atypiques (salon de musique, salle de bains...). Mais le restaurant Derrière a fait plus fort encore. Dans cette maison-resto hypissime, on trouve un salon à rétro-projo, une table de ping-pong, un frigo, une chambre avec dressing (privatisable) et une bibliothèque-fumoir dont la porte se cache derrière une armoire normande, vieux mobilier et faux fouillis compris. Le patron, adorable, connaît tout le monde et tout le monde se connaît. Heureusement, en plus, la bouffe est très bonne. Mais c'est presque un détail.

- **Règle n° 3 : privilégier le « tout-en-un »**

En raison de leur vie de fou aux rythmes cardiaque et temporel surexcités, les Parisiens sont plutôt épuisés en fin de journée. Leur rêve, quand ils quittent le boulot, est de s'avachir dans leur canap'. Mais non, il faut qu'ils sortent, c'est une question de vie ou de mort sociale. Or, une fois sortis, l'effort principal fourni, ils n'ont pas toujours le courage de passer du bar (pour l'apéro) au resto (pour le dîner) à un club (pour le début de la nuit) à un autre club (pour la fin de la nuit), comme, pourtant, la bienséance locale le demande expressément. Du coup, un truc qui marche très bien à Paris, c'est le bar-resto-club-fumoir, hybride parfait pour passer la soirée sans bouger – tout en restant socialement correct. C'est d'ailleurs ce qui a été le coup d'éclat du Chacha lors de son ouverture : proposer, en plus d'un club branchouillou, une partie restaurant. C'est aussi ce qui fait, dans le sens inverse, la force du Magnifique : plus bar et restaurant que boîte, il envoie la musique et la pénombre suffisamment fort pour qu'on le confonde avec un club dès minuit. Dans le même genre, on peut citer Bagatelle, et tous ces autres lieux hétéroclites mixant tous les atouts possibles pour vous retenir des heures. Fréquentez-les avec assiduité, ils sont pratiques quand vous êtes fatigué, et hautement validés par le comité de la *hype*. Précieux, donc.

- **Règle n° 4 : faire semblant de ne pas vraiment aimer les lieux à la mode (mais y passer sa vie)**

Bien entendu, tous ces endroits, vous y allez pour de bonnes raisons. Parce que les plats y sont délicieux, parce que vous êtes ami(e) avec le patron, parce que c'est en bas de la maison, parce que la déco vous enchante, parce que vous vous y sentez bien… Pourtant, des esprits malveillants peuvent, parfois, vous faire remarquer avec perfidie que vous n'allez que dans des endroits branchés parce qu'ils sont branchés. Grands dieux… ! *(+ triple signe de croix d'indignation)* c'est tellement faux ! Chacun sait que vous ne faites jamais rien « parce que c'est à la mode », quelle horreur. D'ailleurs, au contraire, le fait que ces lieux soient « tendance » vous fatigue, et vous détestez l'idée de faire comme tout le monde…

Pour être parfaitement Parisien(ne), veillez à le faire savoir. N'hésitez pas à toujours glisser la bonne raison concrète qui vous a entraîné dans un endroit, raison qui souligne d'ailleurs votre implacable et lumineuse brancherie (qu'y pouvez-vous… !), tout en prenant l'air gentiment ennuyé. Exemples :

- ❖ « La Fidélité ? Oh, je viens surtout pour faire plaisir à Lionel, il m'a fait promettre d'y fêter mon anniversaire… » (Lionel étant le patron, également boss du Baron).
- ❖ « Le Chéri Bibi ? Je les suis depuis La Famille, et puis mon mec vit juste au-dessus, mais tu sais, c'est juste un bon petit bistrot du coin… »

❖ « Nanashi ? Bof, j'étais leur première cliente, c'est ma cantoche, juste en bas du bureau... Ah bon, c'est connu ? »

- **Règle nº 5 : pratiquer des horaires impossibles**

Régulièrement, dans les pages life-style du *ELLE*, du *Figaroscope* ou autres magazines de qualité révélant les bonnes manières locales, un journaliste s'extasie sur le nouveau snobisme du « dîner tôt ». On nous informe en hurlant d'excitation que désormais, pour être chic, il ne faut plus dîner après 22 heures, mais au contraire se nourrir avec les poules. Quoiqu'il arrive, n'en croyez pas un traître mot. Ce commandement revient régulièrement dans les magazines et n'a absolument aucun fondement (un peu comme l'absurde « sortir le samedi soir redeviendrait tendance »). Si vous arrivez avant 20 h 30 au restaurant, vous serez seul et les serveurs n'auront même pas fini de dresser les tables. Prolongez soit votre boulot, soit votre apéro, et dînez le plus tard possible. Oui, c'est épuisant. Mais c'est ça, ou déménager en province.

- **Règle nº 6 : être un habitué partout**

Bien entendu, cette règle va de soi. Je me demande même s'il était besoin de la préciser. Dans tous les restaurants que vous fréquenterez (que ce soit les *places-to-be* ou le petit bistrot sympa en bas de chez vous), vous serez évidemment un total VIP. D'abord parce que vous les aurez connus avant tout le monde – c'est normal, vous êtes parisien, vous connaissez tout avant tout le monde –, mais aussi parce que vous y passez votre vie. Vous serez reconnu, embrassé, placé à la bonne table, et même gratifié d'une ou deux coupes gratuites. Alors certes, vous allez me dire, comment être un habitué dans ces lieux alors que 1. il y en a beaucoup, 2. il n'y a que sept jours dans la semaine, et 3. vous n'êtes pas Bill Gates financièrement parlant ? Dites donc. Je ne veux rien entendre, jeune padawan. Je vous prémâche déjà suffisamment le travail, à vous de vous dédoubler, activer, empiffrer, agiter pour devenir copain avec tous les chefs de rangs, patrons et serveurs des meilleurs restos de Paris. C'est une épreuve de taille, mais elle est indispensable. Et je vous rappelle que vous devez subir la même côté clubs et côté bars. Oui, vous avez du pain sur la planche. Mais qui a dit qu'être parisien(ne) était facile... ? ! Allez, au boulot, bon courage. Et surtout bon appétit !

Être Parisien(ne) dans les bars, cafés et bistrots

Les Américains ont leur *diner*, les Anglais ont leur pub, les Parisiens ont leur café. En terrasse, au comptoir ou au fond de la salle, à n'importe quelle heure de la journée et pour n'importe quelle occasion, les habitants de la capitale établissent leur résidence secondaire dans bon nombre de bistrots. Vous allez adorer.

Quand un Parisien voyage à l'étranger, souvent, il est frustré. Pour bon nombre de raisons, qui, principalement, se résument bien sûr à une seule : « Ici, ce n'est pas comme à Paris. » Parmi ce fatras de frustrations, l'une d'elles tient particulièrement le haut du pavé : « Ici, y a pas de cafés. » À Londres, capitale géniale s'il en est, pas de bistrot du coin pratique – « les pubs, ce n'est pas pareil ». À Istanbul ou Casablanca, où pourtant les cafés sympas pullulent, autre problème : les femmes n'ont pas vraiment le droit d'être là. En Espagne, à certaines heures de la journée, tout est fermé. Bref, il n'y a qu'en France que le Parigot peut hanter ses chers troquets à toute heure. Sans cela, soyons clairs, il est perdu. Découvrez comment devenir, vous aussi, le roi des bistrots.

- **Règle n° 1 : vénérez le café**

David Lynch adore la France, les Français et Paris. Et comme par hasard, il adore le café aussi (pensez à Dale Cooper dans *Twin Peaks*, ou à la propre marque de café que Lynch a créée). En France, c'est vrai, on fait un café du tonnerre. Et c'est par là que tout a commencé pour les établissements : sans café, les bistrots n'auraient peut-être jamais vu le jour. Si vous voulez ressembler à un vrai Parisien, mais que vous n'aimez pas le noir breuvage, il va falloir vous forcer, ou faire semblant. Car sinon, ce serait un peu comme vouloir devenir british et détester le thé. Quelle que soit l'heure, dans les bars, si vous ne commandez pas d'alcool, vous devrez déguster un petit noir. Cela fait partie de la panoplie locale, un point c'est tout.

- **Règle n° 2 : faites comme chez vous, mais restez poli**

Les bistrots ne sont pas seulement des endroits où boire un coup, mais aussi et surtout des annexes de votre salon. Voir des copains, travailler sur votre ordinateur, bouquiner, draguer, refaire le monde, rêvasser, assister à un concert, manger, danser, vous mettre une mine, donner un rendez-vous professionnel...

On peut tout faire ou presque dans les bars parisiens. Prenez l'habitude d'y faire plus de choses qu'à la maison, c'est naturel. En revanche, tout en vous considérant comme chez vous, restez bien élevé : le cliché du Parisien hautain et désagréable n'a rien d'enviable.

- **Règle n° 3 : variez les plaisirs**

Ce qui est bien à Paris, contrairement aux petites villes françaises, c'est qu'il existe un nombre incalculable de bistrots. Et qu'ils bougent tout le temps. Du coup, on y voyage, on s'y change les idées, et on passe d'un univers à un autre selon l'humeur ou l'heure de la journée. Le mieux, pour vous familiariser avec ce réseau tentaculaire, sera de les tester au maximum, bien sûr. Veillez à diversifier vos cibles : rades à l'ancienne, bars branchés, bistrots pour déjeuner, cafés-terrasses, cafés-wifi... Ne vous enfermez jamais dans un style de bar « préféré », forcez-vous à tout essayer (le Parisien est toujours curieux). De préférence avant tout le monde, bien sûr.

- **Règle n° 4 : mais trouvez vos QG**

Bien sûr, en testant tous ces lieux de perdition, vous allez naturellement élire vos chouchous. Et c'est très bien – un bon Parisien a toujours plusieurs QG, cela lui permet de bien connaître l'équipe, de s'y sentir VIP et d'y avoir ses petites habitudes. Vous devrez choisir ces lieux dans les catégories suivantes : le « café du coin » (non loin de chez vous, pour le café du matin, l'apéro, le quotidien, si possible très typique parigot et un peu vieillot) ; le « bar habituel » (pas trop loin de chez vous non plus mais possiblement plus éloigné, c'est votre bar préféré pour le soir, votre ultra-favori où apéroter jusqu'au bout de la nuit) ; le « café où je bosse » (les Parisiens ayant souvent des métiers indépendants ou créatifs, ils aiment travailler dans les bars possédant le wifi et des fauteuils confortables ; trouvez le vôtre – ça peut d'ailleurs être votre café du coin) ; la « terrasse » (où passer votre vie l'été, et si c'est la même que le « café du coin » ou le « bar habituel », c'est encore mieux) ; le « bar d'hôtel » (les Parisiens adorent les bars d'hôtels de luxe de temps en temps, trouvez votre favori pour un rendez-vous galant) ; celui « pour la nuit » (c'est-à-dire carrément à 4 heures du matin)... Etc.

- **Règle n° 5 : ayez au moins un point de chute par quartier**

Malgré ses petites habitudes (et ses QG, donc), le Parisien est forcément amené à « voyager » dans sa ville. Par conséquent, il lui faut connaître des bars, même là où il ne va normalement jamais, afin d'éviter des situations gênantes. Exemple : un contact de travail, ou pire, une target amoureuse, lui propose un rendez-vous dans un quartier qu'il ne fréquente jamais (genre Nation ou Cambronne, la zone, quoi) et lui demande où se retrouver. Le bon Parisien répondra-t-il « je ne sais pas » ? Certainement pas ! Il aura toujours un joker dans sa manche et saura exactement quel bar sympathique pourra les accueillir. Pour acquérir cette science, il vous faudra arpenter les rues (même celles qui ne vous tentent pas), tester encore et encore, et, bien sûr, vous renseigner dans les livres, la presse et les sites web qui en parlent, comme *Le Figaroscope* ou le hors-série du *Nouvel Observateur* : « Les 400 lieux branchés de Paris ». Afin de ne jamais être pris en défaut.

- **Règle n° 6 : ne négligez pas les classiques**

Même si tout Parisien qui se respecte fait preuve d'une certaine originalité, vous aurez compris qu'il connaît toujours ses bases. Il vous faut donc vous rendre régulièrement dans les lieux « qui comptent », que ce soit historiquement (Le Café de la Paix, Le Brébant, La Coupole, Le Flore...) ou par effet *fashion* (Le Charlot, La Perle, Chez Jeannette, Chez Prune, Rosa Bonheur...). Si un bistrot fait le buzz, libre à vous de faire votre original en ne le fréquentant pas, mais testez-le au moins une fois pour ne pas mourir idiot et pouvoir en parler. Autre classique à vénérer : le « vieux rade typique ». Le vrai Parisien adore ça. Un comptoir en zinc, des banquettes moleskine, des tables en Formica, une vieille odeur de tabac ancrée dans les murs, un plat du jour, une arrière-salle... Plus c'est vieillot, plus c'est bon.

- **Règle n° 7 : soyez fanatiques de la terrasse**

Un peu comme le Québécois au sortir de l'hiver, le Parisien devient fou dès que le soleil montre un coin de rayon pâle. Dans la Ville lumière, la terrasse semble être une religion obligatoire, et quand il ne pleut pas, même s'il fait froid, les tables extérieures sont toujours prises d'assaut. Bien sûr, depuis l'interdiction de fumer dans les lieux publics, le phénomène s'est aggravé. Mais les non-fumeurs sont également atteints de ce syndrome de la terrasse. Il fait si bon déguster un café dans le froid au milieu des pots d'échappement ! Ça, c'est Paris.

Être Parisien(ne) et clubber

Ce chapitre concerne une des plus élémentaires habitudes locales, à laquelle il vous faudra vite vous soumettre si vous souhaitez intégrer la fascinante peuplade parisienne : j'ai nommé la night, le clubbing, les sorties. Croyez-moi, il y a du boulot. Où, quand et surtout comment sortir la nuit ? Itinéraire des enfants gâtés.

Que les choses soient claires : fêtard(e) ou pas, si vous souhaitez réellement devenir Parisien(ne), vous devez bouger votre corps *by night*. Arpenter sans relâche clubs, boîtes de nuit et autres bars de la ville afin de vous mettre des mines jusqu'au matin et de connaître sur le bout des doigts barmen, physios et autres piliers de discothèques comme votre propre famille. Si ça vous ennuie, heureusement, vous pouvez également faire semblant avec facilité (voir sujet suivant : « Être Parisien(ne) et faire semblant de clubber »). L'essentiel, c'est d'y croire.

• Règle n° 1 : connaître les lieux

Il existe différentes tribus de clubbeurs au sein de la faune parisienne. Chacune a son cercle, ses habitudes, ses principaux QG, ses codes vestimentaires et ses symboles. Il serait trop exhaustif de toutes les traiter en détail ici, et de toute façon, jeune padawan, il vous faut d'abord acquérir les bases les plus élémentaires de la night parisienne avant de vous spécialiser dans l'une de ces bandes.

Commençons donc par le commencement. Il y a dans la ville quelques endroits incontournables par lesquels vous devrez absolument passer (sous peine de mort sociale), et ce, le plus souvent possible. Ces *spots* essentiels changent plus ou moins selon les saisons, mais certains noyaux durs tiennent le haut du pavé, et à l'heure où nous écrivons, ils sont les suivants :

Le Baron

Évidemment. Pas très original mais absolument indétrônable, le club mythique de l'Alma ne vieillit pas. Lancé par Lionel Bensemoun et André (La Clique), il rassemble people et anonymes dans une joyeuse ambiance de branchouillerie décomplexée. Vous y serez présent le jeudi en fin de nuit, jamais le samedi, parfois le dimanche (même si Nicolas Ullmann n'y sévit plus), mais si vous êtes motivé, le mieux est d'y passer vos nuits de début de semaine, lundi ou mardi. C'est là que c'est vraiment bien. Sur place, vous ne boirez plus le cocktail Baron (qui a remplacé ses framboises fraîches par un indélicat jus de fraises, tout se perd) mais une simple piscine (champagne + glaçons) si vous êtes une fille, et un Jack on the rocks si vous êtes un garçon. Mieux encore, demandez au barman de vous faire ce qu'il veut. Vous vous percherez sur le piano, danserez quand la piste se vide, discuterez avec Bak (le célébrissime physio) à l'entrée, et claquerez la bise à Lio (le patron, pas la jurée de la *Nouvelle Star*) d'un air las. Si vous êtes très fort, vous y mixerez un jour.

La Flèche d'Or

Ce lieu mythique avait fermé pendant des mois, provoquant la désolation parmi les fêtards parisiens (personnellement, j'ai allumé un paquet de cierges en son nom). Mais depuis novembre 2009, La Flèche est de retour… ! Plutôt rock et électro, on allait, avant, y vivre des concerts de jeunes groupes branchés et des soirées de teams fêtardes (Mort aux Jeunes, Goldrush, Nicolas Ullmann et Cyril Bodin...). On s'y mettait une grosse charge à la bière ou aux mojitos, on dansait, on criait et on fumait sur la terrasse avec de beaux rockers chevelus. Désormais, elle a refait une beauté à son insonorisation, agrandi sa scène, amadoué ses videurs, et on va y découvrir des jeunes groupes prometteurs. Hélas, elle a perdu un peu de son âme avec sa nouvelle déco noire et froide, la suppression de la cuisine et son bar relégué au fond, le tout dans une atmosphère proprette. Quand vous y allez, dînez d'abord en face, au Mama Shelter, ce sera parfait.

Le Montana

On ne pensait pas que ça pourrait arriver un jour, et pourtant : désormais, à Paris, on peut sortir rive gauche. Plus parisien-VIP-staïle tu meurs, Le Montana est le dernier bébé d'André, le graffeur-artiste de La Clique (Le Baron, le Paris Paris...). Petit bijou glam'rock posé juste à côté du Café de Flore, ce mini-lieu est une bombe dark et acidulée, flottant entre bar d'hôtel et club à l'ancienne. On aime son côté cosy et la programmation parfaite. La mauvaise nouvelle ? L'endroit plaît beaucoup aux people, ce qui rend la porte difficile – mais Madou, le frère de Bak officiant à l'entrée, fait son travail avec respect. À l'intérieur, il faut aimer l'ambiance hyper m'as-tu-vu (parisienne, oui, si vous voulez). Personnellement je ne suis pas fan. Mais comme il est impensable que vous n'y alliez pas, vous allez faire un effort et endosser votre habit de lumière au moins une fois pour vous faire votre propre opinion.

Les Saints Pères

Situé à l'angle de la rue des Saints-Pères et de la rue de Verneuil (donc à côté de chez Gainsbourg), ce charmant club souterrain, ultra-germanopratin, a tout pour plaire au vrai Parisien. Petites salles (à Paris, on déteste les grosses boîtes), clientèle d'habitués, délicieux cocktails à la violette, DJ malins (c'est-à-dire bons mais pas snobs au point d'éviter les vieilles machines qui fonctionneront toujours), bon accueil, bref, on en redemande.

Avertissement

À part quelques éternels, les lieux qui comptent changent trop vite à Paris pour rester pérennes dans un livre. À vous d'enquêter... comme un vrai Parisien !

- **Règle n° 2 : le timing**

Pour vous tenir au courant des soirées, jeune apprenti Parisien, je ne peux que vous recommander chaleureusement (de nouveau sous peine de mort mondaine) d'être inscrit à TOUS les contacts Facebook ou Twitter qui tiennent informés de ces soirées.

Les horaires comptent peu, tant que vous ne la jouez pas province : on ne va JAMAIS en boîte le samedi à minuit, bien sûr (le samedi, on se repose, on ne sort pas, on dîne entre amis ou on part en week-end). On clubbe dans la semaine, à n'importe quelle heure (bon, sauf la journée, il y a des chances que ce soit fermé), et si on arrive pile à minuit, c'est parce que justement on sort d'un dîner ou d'un verre. Mais plus tard ou plus tôt, c'est mieux. Surtout plus tard.

Un bon truc : n'hésitez pas, comme tout bon Parisien, à enchaîner différents lieux, parfois même pour y rester juste quelques minutes. Exemple : dînez quelque part, puis buvez un verre ailleurs (chez Jeannette, à La Perle ou dans un PMU obscur), puis faites un saut au Napoléon, puis au Baron. Ne buvez qu'un verre dans chaque lieu, claquez la bise à tout le monde et rentrez chez vous tranquille, sobre et tôt. Un parfait itinéraire parisien pour croiser plein de copains, sans être non plus totalement déchiqueté le lendemain. Sympathique.

- **Règle n° 3 : la bonne attitude**

Bien entendu, de jour comme de nuit, n'oubliez pas d'arborer votre air typiquement parisien : pressé, hautain, distant et terriblement important. Mais drôle, mais blagueur, mais caustique, mais charmant, mais *flirty*, mais tellement spirituel !

En club, ayez l'air blasé (ce DJ vous fatigue), un peu mécontent même (ce cocktail vous fatigue), voire lointain (votre propre présence vous fatigue). N'éclairez votre visage que l'espace d'une seconde quand vous dites bonjour à quelqu'un (même s'il vous fatigue) afin d'entretenir de bonnes relations avec les gens. Faites de même quand vous abordez une personne que vous ne connaissez pas, que ce soit pour draguer ou nouer des contacts utiles. Vous avez certainement quelqu'un en commun, de toute façon (vous le saurez très vite grâce à Facebook et l'outil « *Friends in common* ») : à Paris, tout le monde se connaît.

Faites en sorte de vous faire repérer par le physio et le barman afin qu'ils vous captent la fois d'après. Mais, sachez-le, il n'existe pas de recette miracle pour devenir pote avec les physios : ils sont tous, sauf exception, intelligents et bosseurs. Ce qui veut dire qu'aucune ruse ne vous fera prendre du galon à leurs yeux. Le seul moyen de les amadouer, c'est : 1. d'être looké(e) ; 2. d'être poli(e) ; 3. d'être parfois accompagné(e) de figures connues de la nuit ; 4. de venir souvent. Point barre. Certains sont moins aimables que d'autres, c'est vrai. Parfois, ils font même semblant d'être des gros méchants – oui, absolument, je parle de Bak. On fait avec.

Dernière chose : n'oubliez pas de lâcher de temps en temps une phrase prouvant que vous êtes un habitué des lieux de la night. Et blasé. Exemples : « Le Baron ? Bof, c'était mieux en 2005. » Ou : « Je préférais quand le fumoir du Chacha était à gauche, maintenant au fond c'est vraiment glauque. » Ou encore : « Les « Kararocké » d'Ullmann chez Régine ? Mouais, ils étaient meilleurs au Baron, et puis de toute façon, ça vaudra jamais ses soirées au Paris Paris, ou la « Guitar Hero » de La Flèche d'Or... » (quatre références dans la même phrase, c'est énorme). Vous pouvez aussi la jouer plus basique mais très efficace, en confiant d'un air préoccupé : « Il a une petite mine, Will, en ce moment... » – Will étant William, un des physios les plus connus de Paris, qui n'a jamais de petite mine mais toujours la banane. Du coup, si vous prononcez ce genre de phrases, vous suggérez le connaître assez intimement pour qu'il se livre à vous. Rusé.

Être Parisien(ne) et faire semblant de clubber

Alors là, jeune aspirant parisien, vous pouvez me remercier. Voici la solution clés en main qui va vous permettre de passer pour un gros hypeur de la night alors que vous resterez tranquillement chez vous au fond du canapé à

regarder la dernière saison de *Two and half men*. Passer pour un fêtard sans souffrir sur des talons de 12 cm ni se cailler devant Le Baron, c'est un art savant, mais parfaitement gérable. Maîtrisez-le en une leçon.

Vous n'aimez pas sortir ? Rien ne vaut pour vous une soirée DVD sous la couette ? Après votre journée de travail vous êtes bien trop claqué pour aller faire le zouave avec des drogués en boîte (certainement rentiers et au chômage) ? Aucun problème ! J'ai la solution.

Clubber sans clubber est en effet un très grand sport parisien, mais aucun indigène ne l'avouera jamais (même sous la torture d'un week-end dans la Creuse). Beaucoup de Parisien(ne)s ne sortent pas souvent, voire jamais, mais se doivent d'afficher des nuits de folie pour conserver leur passeport de la ville. Comment font-ils ?

- **Règle n° 1 : sachez de quoi vous parlez**

Pour assurer votre réputation de dingue de la night à vie, il vous suffit d'aller une seule fois dans chacun des lieux cités dans le chapitre précédent, « Être Parisien(ne) et clubber » (au pire, prévoyez une RTT le lendemain). Vous pouvez le faire lors d'une nuit « rallye-clubbing » : passez vingt minutes dans chaque lieu, explorez tous les recoins, commandez un verre spécial (cf. le cocktail Baron au Baron, un shot violette aux Saints Pères...), passez aux toilettes (un détail, mais ils peuvent faire l'objet d'une question piège !), puis rentrez chez vous. Vous pourrez alors ensuite, durant un an, raconter n'importe quoi sur vos nuits déjantées sans que personne ne sache que vous n'y mettez jamais les pieds, et ne serez jamais pris au dépourvu puisque vous connaissez les lieux.

- **Règle nº 2 : tuyautez-vous sur le Web**

Parallèlement, pour ne pas vous planter et pour ajouter quelques détails qui font plus vrai, vous vous tiendrez au courant des soirées spéciales via Facebook (votre bible) et pourrez ainsi décréter : « La dernière "*Goldrush*" du Panic Room était cool, oui, mais j'ai préféré le DJ-set de Greg Boust à l'Étienne Marcel jeudi. » Faites juste gaffe aux dates, ce serait ballot de vous faire griller pour une erreur de semaine. Bien entendu, cliquez « *Attending* » (= présent) sur tous les événements auxquels vous êtes censé vous rendre afin que chacun voie bien sur votre page que vous êtes un ouf, une folledingue, un hooligan de la nuit qui s'épuise en soirées.

- **Règle nº 3 : immortalisez l'événement**

Le top pour assurer votre crédibilité, après le poids des mots, est le choc des photos : arrangez-vous pour vous faire shooter dans un lieu incontournable. Nous ne citerons pas de noms, mais généralement, des photographes branchouillous prennent des photos durant les soirées et les postent ensuite sur Facebook (oui, encore Facebook, désolée, mais c'est un outil très utile dans votre quête parisienne). Ou, mieux encore, sur le *who's who* de la nuit, le mythique SayWho (www.saywho.fr). Ce site incontournable a toute une écurie de photographes qu'il envoie à toutes les soirées importantes de la ville afin de shooter l'ambiance de la nuit parisienne. Personnellement, ma préférence va aux sublimes photos de Maxime Antonin, qui réussirait à rendre sexy un shooting d'Annie Cordy à la merguez-partie des Musclés.

Vous pouvez aussi vous prendre en photo vous-même, bien que ce soit un peu pathétique. (Non, les selfies, c'est interdit à Paris.)

Une fois shooté puis « taggé » sur le « Livre des visages », c'est bon, vous êtes cuit, parfaitement à point.

- **Règle n° 4 : faites courir les bruits**

N'oubliez pas de lâcher de temps en temps une phrase prouvant que vous êtes un habitué. Vous en trouverez de bons exemples plus haut, section « Être Parisien(ne) et clubber ». À lire et relire.

Dernier conseil et pas des moindres : quand vous avez raté une soirée mégahype (par flemme ou mésinformation), surtout n'avouez pas votre péché ! Si on vous questionne, soupirez que vous n'aviez pas envie d'y aller, sans préciser pourquoi, air blasé [...] et mystérieux à la clé. Ce sera parfait. Ou, bien sûr, que vous étiez ailleurs (dans un lieu encore plus cool).

Et voilà ! Vous êtes désormais le roi ou la reine des faux clubbeurs.

Sur ce, y a le dernier *The Big Bang Theory* qui est enfin arrivé sur les sites de streaming, alors vite, une tisane et au lit.

Être Parisien(ne) et se cultiver

Ah, le mythe du Parisien cultivé... ! Incontournable, bien entendu. Car si le Parisien et sa douce comparse se vantent bien de quelque chose, c'est entre autres de l'admirable vie culturelle de leur cité. Pourquoi l'habitant de la capitale est-il si fortiche dans ce domaine ? Comment le devient-il ? Et surtout, l'est-il réellement ? Gambadons joyeusement dans les terres – cultivables – des cerveaux de la Ville lumière.

« Il faudroit être l'antipode de la raison, pour ne pas confesser que Paris est le grand bureau des merveilles, le centre du bon goût, du bel esprit, et de la galanterie. – Pour moi, je tiens que hors de Paris il n'y a point de salut pour les honnêtes gens. » Ainsi pérorent Magdelon et Mascarille dans *Les Précieuses ridicules* de Molière (dont le titre lui-même sonne savoureusement avec ce livre).

De quelle culture parle-t-on ?

Bien entendu, pas de celle des tomates ou des radis, pour lesquelles le Parisien s'y entend aussi bien que Ségolène Royal pour le design de sites web. Pas, non plus, de celle de la diversité du monde. Selon l'Unesco, la culture est « l'ensemble des connaissances acquises, l'instruction, le savoir d'un être humain ». Quand vous demandez aux Parisiens pourquoi ils aiment leur ville, aucun n'omet de parler de la formidable vie culturelle qui bouillonne *intra-muros*. Même les Français *extra-muros*, d'ailleurs, nous reconnaissent cet avantage (pour une fois !). Paris dispose en effet d'un énorme réseau d'événements divers et variés dans ce domaine, et c'est l'un des principaux atouts de cette capitale controversée. Ici, les boulimiques de littérature, de musique, de mode ou d'arts plastiques s'en donnent à cœur joie.

Le Parisien cultivé : mythe ou réalité ?

Soyons clairs. Oui, généralement, le Parisien est un minimum cultivé. Pour la simple et bonne raison qu'il n'a pas le choix : sa culture se fait à l'insu de son plein gré. En effet, tous les jours, partout, affiches, médias, amis, collègues, prospectus, voisins, l'abreuvent d'informations culturelles. Il ne peut faire un pas sans tomber nez à nez avec un masque Dogon, le dernier prix Goncourt ou un opéra. Il a beau essayer, impossible d'échapper aux expositions inratables, aux concerts mémorables ou au livre qu'il faut absolument avoir lu sous peine d'extradition. Et comme le Parisien sait comment marche sa petite communauté, loin de lui l'envie d'y échapper : il dévore toutes ces news culturelles avec délice parce qu'elles font partie de son identité. En société, le Parisien doit étaler sa culture au maximum, paraître érudit en tout ou presque, pontifier et pérorer tant sur le dernier groupe à la mode que sur l'œuvre la plus obscure d'un sculpteur allemand inconnu. Ça fait partie de son ADN. Qu'il avoue une seconde son ignorance, et hop, la mairie le fout dehors avec pertes et fracas. Vous êtes donc prévenus : pour être un parfait local, ne fuyez pas Dame Culture, chassez-la au contraire, séduisez-la, et dévorez-la. Pour ensuite parler d'elle comme une maîtresse qui vous serait parfaitement soumise.

Quelques sorties incontournables

Le bon Parisien qui se respecte va au moins une fois par mois à un vernissage (si vous n'êtes pas invité, débrouillez-vous pour être le « + 1 » régulier d'un ami intégré), idem pour les concerts. Pour le théâtre, une fois par trimestre suffira, et pour l'opéra, une fois par an (en revanche, ne dites jamais que vous vous y ennuyez : pâmez-vous d'émotion, au contraire, c'est très important). Côté galeries, il est de bon ton d'y flâner de temps en temps (même si vous n'y restez qu'une seconde, ou que vous vous êtes perdu) ;

aimez particulièrement la galerie Chappe et celle d'Emmanuel Perrotin. Fréquentez le 104, lieu branché de la culture parisienne. Sachez également que certains musées sont plus prisés que d'autres : vous pouvez laisser le Grand Palais aux touristes (sauf pour la FIAC), car vous préférez la fondation Cartier, le palais de Tokyo et Le Jeu de Paume, tellement plus intéressants. Côté salles de concerts, plus c'est petit, mieux c'est (mais si votre groupe préféré passe au stade de France, déclarez que c'était fantastique quand même). Les cinémas vieillots, comme le Max Linder, sont vos favoris, mais l'UGC des Halles est tout de même bien pratique, et puis tout le monde y va. Enfin, ne ratez sous aucun prétexte certains événements typiquement parisiens et indispensables, comme, donc, la FIAC (même si vous n'y comprenez rien), Rock en Seine (même si vous n'aimez pas la foule), le Fooding (même si vous devez faire la queue trois heures) ou le Salon du livre (même si c'est épuisant). Si vous êtes motivé, un bon petit Paris Photo serait également la moindre des choses.

Trucs et astuces

Bien entendu, dans cette vie à cent à l'heure, vous vous demandez peut-être comment devenir soudain l'être le plus cultivé de la terre. Pas de panique : le Parisien n'a pas plus de temps que vous, mais il a plus d'un tour dans sa manche, et a acquis avec les années des moyens savants pour entretenir au poil son petit bagage culturel. En plus des sorties incontournables précédemment développées, sachez utiliser les bons outils pour parfaire votre panoplie de *cultivated people*. Et parlez-en à la moindre occasion.

La rue

Dès que vous êtes dehors, scrutez chaque panneau, arrêt de bus, affiche de métro, couv'de presse, tract et autres 4´3 que vous pourrez croiser. Cela vous permettra de toujours savoir ce qui se passe dans votre ville chérie et de ne jamais être pris en flagrant délit d'ignorance – vous vivez avec votre temps, n'oubliez pas. Les actus du centre Pompidou ou du Bataclan n'ont jamais de secret pour vous.

Les médias

Évidemment. Ils seront vos alliés n° 1 pour vous tenir au courant de tout ce qui se passe dans tous les domaines : LE livre à lire, LE film à voir, LE groupe qui fait parler de lui, L'EXPO qui fait s'évanouir les foules. Le mieux, c'est de vous abonner à plusieurs outils généralistes incontournables et de survoler avec attention les pages « culture » (retenez les gros titres, c'est suffisant). Liste non exhaustive : *Télérama, Les Inrocks, Libé Next, Le Nouvel Obs*, et quelques féminins (*Marie Claire*) ou masculins (*GQ*). Ensuite, choisissez-vous une passion, un hobby, une marotte, bref, une spécialité, et potassez le média idéal correspondant, que ce soit les arts plastiques, la littérature, le cinéma ou la musique (*Beaux Arts magazine, Lire, Première*...). N'hésitez pas à lire des trucs très branchés comme le *WAD*, par exemple. Faites-le dépasser de votre sac si possible.

Le Web peut aussi sacrément vous aider. Tout comme pour la presse, abonnez-vous à des newsletters à votre goût. Difficile ici de toutes les énumérer, mais je peux vous conseiller sans risque *Le Figaroscope* (centré sur Paris), *Les Inrocks, Libé Next,*

Obstyles, *Rue89* (rubrique « Culture »), et tous les sites des médias classiques cités plus haut. Faites-vous plaisir.

Les cartes

Certains passes se doivent de figurer dans votre portefeuille : la carte UGC (hyperpratique, permet d'aller tout le temps au ciné pour le prix de deux places par mois), la carte Pompidou (pour le musée, ses concerts, ses événements), la carte des bibliothèques de la ville de Paris (même si vous n'y allez jamais parce que les livres sont sales, vous préférez les acheter à L'écume des pages germanopratine), et d'autres cartes de lieux que vous affectionnerez. Bon, bien sûr, le top, c'est la carte de presse, qui vous permet d'aller partout en VIP-style. Si vous n'êtes pas journaliste, pas grave, il vous reste votre carte bleue, très utile aussi pour ouvrir des portes.

L'artiste inconnu

Un bon petit truc qui fait son effet : soyez fan d'un artiste totalement inconnu, au nom improbable ou à la spécialité tirée par les cheveux (au besoin, inventez-le). Comme Yan Dulür, flûtiste manchot culte du XVIIe siècle, ou Ughara Smanif, femme peintre maudite des années vingt qui peignait avec le sang de son chien. D'ailleurs, vous filez immédiatement à la galerie Zbrmxt, qui expose les trois œuvres de Oktay Broumpfw, cet obscur poète philatéliste roumain. Il est toujours de bon ton, au milieu de cette culture uniformisée (en 98, tous fans de foot ; en automne, tous fans d'art contemporain, etc.), de cultiver son originalité de manière pointue.

Votre propre don

Eh oui, bien entendu… Si vous êtes cultivé, vous avez vous aussi votre propre marotte artistique, comme tout bon Parisien ! Et sans vouloir vous vanter, vous n'êtes pas mauvais (ou du moins, vous le faites croire avec brio). Au choix, vous pouvez : faire de la photo (surtout si vous êtes jeune, beau et traînez dans les soirées), faire de la sculpture (audacieux, mais très bien vu), de la peinture (attention, vous avez intérêt à ce que vos œuvres ressemblent à quelque chose), ou, facile mais toujours un carton dans cette ville, écrire un roman (non, un blog, ça compte pas, désolée). Bien entendu, la musique est également très bien perçue (guitare, piano, contrebasse jazzy), mais en ce cas, il vous faut composer ! Quoique vous choisissiez, parlez-en sur le ton de la confidence, même si c'est à tout le monde. C'est votre bébé, votre part intime de sensibilité, vous êtes humble mais passionné, faisant doucement mais ardemment brûler votre flamme dans l'ombre. C'est beau. C'est bandant. C'est Paris.

Une déco idoine

Bien sûr, tout l'intérêt de se cultiver n'est pas seulement de vous éclater comme un fou, mais aussi de le faire savoir, bien sûr ! Comme tous les Parisiens qui se respectent. Aussi, veillez à arborer des signes extérieurs de culture assez régulièrement (comme les cartes de membre de musées ou le magazine dépassant du sac). Chez vous, n'hésitez pas à concurrencer le rayon librairie de la Fnac dans votre salon, et collectionnez les vinyles (pas de CD, par pitié, c'est d'un vulgaire…). Vénérez La Pléiade autant que les livres de poche, collez quelques affiches de films bien vintage dans vos toilettes, et le jour où vous en avez les moyens, achetez une photo cotée. Quelques instruments de musique traînant çà et là seront du plus bel effet dans votre intérieur, ainsi qu'un ticket de l'opéra Garnier (ou Bastille, au pire) sur la console de l'entrée.

Être Parisien(ne) et « pauvre »

Quel est le plus gros défaut de la vie à Paris ? Son prix, bien sûr. Surtout si on veut la vivre comme un vrai local qui se l'envoie, dans un tourbillon de sorties, doté d'un look impeccable, avec panache, gloire et beauté. Problème, vous êtes fauché ? Voici quelques trucs pour vous débrouiller.

Je vous préviens tout de suite, ce chapitre sera succinct : d'une part, parce qu'il existe des guides du type *Paris pas cher* (ou sites Web du même genre) qui vous donneront toutes les astuces des meilleurs radins parisiens bien mieux que moi. D'autre part, parce qu'on ne va pas se raconter de salades, dans cette ville, on peut rarement s'éclater sans un rond. Du coup, la chasse aux astuces est maigre… Nous parlons là d'astuces excitantes et correspondant aux éminents critères d'une vie parisienne digne de ce nom, bien entendu, et non pas d'une réduction sur les boîtes de cassoulet au Dia de la rue de la Glacière. Mais rassurez-vous, il existe tout de même d'excellentes idées pour la jouer parisien à mort sans débourser un cent ! Combines et tuyaux pour faire semblant d'être à l'aise dans la ville la plus ruineuse de la planète, c'est parti.

Les basiques

Par basique, j'entends se loger, se nourrir et se connecter, soit les besoins les plus primaires de l'être humain du XXIe siècle.

Dormir

Pour le logement, vous l'aurez compris, ce n'est pas gagné : à Paris, la moindre chambre de bonne coûte au bas mot 600 euros par mois, pour une luxueuse surface de 10 m^{2} avec toilettes turques sur le palier. Comment faire alors ? Si vous êtes single, une seule issue : la coloc' ! Le meilleur moyen de vous offrir un vrai grand appart' sans vous ruiner, avec nouveaux amis en prime. Si vous êtes en couple ou détestez vivre avec des gens, là, seul le bouche-à-oreille vous permettra de tomber un jour sur « un bon plan », soit un logement décent dans un quartier fancy à moins de 1 000 euros. Pour ça, une annonce sur Facebook est impeccable. Sinon, il vous reste toujours PAP.fr, et… beaucoup de patience.

Manger

Côté nourriture, bien sûr, vous pouvez (et devez) faire vos courses au Leader Price plutôt que chez Monoprix – où l'on vend le paquet de pistaches au prix d'une Harley, en plus d'étaler des tentations de toutes sortes à chaque coin de gondole. Vous pouvez également investir ces lieux qui offrent un repas gratuit lorsque vous prenez un verre, comme le couscous de la Chope du Château Rouge, dans le XVIIIe. Mais surtout, vous pouvez vous débrouiller pour vous nourrir (et vous imbiber) à l'œil, en jouant les pique-assiette mondains ! Comment ? C'est fort simple :

squattez tout événement ayant lieu aux heures de l'apéro ou des repas. Généralement, les vernissages, lancements de marques, parutions de livres, ouvertures de lieux, etc. Dont vous serez informé par votre réseau, Facebook, les cartons d'invitation et vos amis bien placés. Une fois sur place, un sourire pour tout paiement, à vous champagne, petits fours, barbecues et pains-surprises ! En vous débrouillant bien, non seulement vous réussirez à vous sustenter gratis environ 5 fois par semaine, mais, en plus, votre vie sociale n'en sera que plus riche. Petits malinous, va.

Se connecter

C'est pourtant simple. Pour voguer sur Internet, vous vous connectez au boulot (sur vos heures de travail, oui, et alors). Et en dehors du boulot, vous avez un smartphone, donc vous avez la 3G – car on a beau être pauvre, si on veut survivre à Paris, on peut se passer de nourriture, mais pas d'un smartphone. Mais pour aller plus loin que la 3G, vous aurez évidemment besoin de WiFi. Là, une seule option possible : où que vous soyez (chez vous, chez un ami, dans un bar), traquez les réseaux ouverts, c'est-à-dire sans mot de passe. Ils ne sont pas nombreux, car le Parisien n'est pas prêteur, et verrouille soigneusement sa Box, de peur que vous lui preniez tout son réseau et que Hadopi l'accuse à tort d'avoir illégalement téléchargé l'intégrale de *Sons of Anarchy*. Mais rassurez-vous : nombre de bistrots aujourd'hui vous offrent gentiment Internet avec votre café. Citons comme exemple le Charlot (mais il y en a bien d'autres !), et comme absolu contre-exemple, les pathétiques Starbucks, qui – il n'y a pas si longtemps – faisaient payer une fortune à leurs clients en échange d'un pauvre mot de passe, permettant de se connecter sur leur WiFi une généreuse demi-heure… On en a vu fouettés en place publique pour moins que ça, mais ça ne les empêche pas d'envahir la ville à un rythme effréné. Passons.

Les sorties

Nerf de la guerre locale. Surtout quand on connaît le prix moyen d'un cocktail en lieu fréquentable, soit environ 15 euros. Mais réfléchissez, nous venons d'en parler plus haut : vous sortirez à l'œil de la même manière que vous mangerez (et surtout boirez comme un trou) à l'œil… ! Ce sont ces mêmes événements qui vous permettront une vie trépidante et des soirées rebondissantes de 19 heures à 5 heures du matin. J'entends quelques esprits chafouins grogner : un vernissage ne dure pas jusqu'à l'aube ! Certes, mais depuis quand les boîtes de nuit sont-elles payantes à Paris… ? Les boîtes de nuit anti-beaufs, je précise. Baron, Saints Pères, Bus Palladium, Montana, Schmuck : ces lieux de perdition ont certes un videur chatouilleux, mais aucun prix d'entrée. Une fois à l'intérieur, faites-vous offrir des verres (facile si vous êtes une fille), une fois dehors, taxez des clopes, et voilà, vous êtes sauvé ! Et votre nuit aussi.

Autres tuyaux, concernant les excités du vin : il existe dans Paris des lieux merveilleux où l'on déguste de somptueux breuvages sans payer un kopek. La Grande Épicerie de Paris, certains cavistes et restaurants, et même des bars very tendance (avec les Apéros Vintage de Bordeaux) vous offrent un délicieux nectar pour pas un rond, à des horaires indécents (en journée, donc), juste pour vous permettre d'être gratuitement saoul n'importe quand, n'importe où. Bien sûr, cela nous emmène directement à cette divine tradition anglo-saxonne ayant rejoint nos contrées et dont vous profiterez éhontément pour soulager votre porte-monnaie, j'ai nommé, l'happy-hour : cette « heure joyeuse », généralement située entre 18 et 20 heures, qui consiste à boire à moitié prix dans un grand nombre d'établissements. *God bless America*.

La culture

On le sait, on le dit, la culture devrait être accessible à tous ! Ou du moins, au plus grand nombre. Pourtant, la visite de certains établissements coûte toujours une fortune (au hasard : le Louvre, 10 euros l'entrée et 36 euros de parking à la journée). Certes, ça vaut le coup, mais tout de même, ça pèse son portefeuille. Restons cependant honnêtes : oui, il existe un nombre incalculable de musées, monuments et autres beautés à visiter pour zéro sou, et vous en trouverez la liste sur Internet sans aucun problème. Mieux : ceux qui sont généralement payants ouvrent parfois leurs portes gratuitement, par exemple le premier dimanche du mois (Centre Pompidou, Musée Picasso...), le mercredi soir (Maison européenne de la photographie), ou lors des Journées européennes du patrimoine. Côté ciné, la carte UGC reste un must, avec son accès illimité à un grand nombre de cinémas pour 19,80 euros par mois. Et si ça reste trop cher, il vous reste les avant-premières où vous faire inviter par un ami journaliste ou producteur, et les événements saisonniers comme le Cinéma au Clair de Lune, avec ses projections gratuites en plein air chaque été. Dans le même genre, citons aussi tous les concerts, festivals et autres réjouissances musicales que nous offre la capitale dès que le beau temps pointe son nez : l'occasion de voir vos groupes favoris (et ceux que vous détestez, mais bon, on n'a rien sans rien) sans débourser un centime. Enfin, pour bouquiner, vous avez le choix entre la presse gratuite distribuée dans le métro, la presse payante aimablement prêtée avec votre café dans les bistrots, les livres (même les plus récents) accessibles dans les bibliothèques municipales, et le « book crossing », soit l'échange incessant des livres entre amis, collègues et même inconnus. Alors, heureux ?

Les fringues

Ah ! Nous y voilà. Comment ressembler à quelque chose sans se ruiner, dans la brillante capitale of fashion, qui vous impose sans répit une exigence modasse saison après saison ? Aucun problème, ou presque : il existe des combines simples et efficaces pour vous looker à mort sans braquer une banque. D'abord, évidemment, avec les boutiques de fripe et les sapes vintage. Attention, certaines boutiques n'auront de vintage que l'odeur (qui pue) sans l'intérêt financier (qui est censé sentir bon) – je pense notamment à Kiliwatch, quartier Étienne Marcel, qui sous ses dehors de marché aux puces vous vend une blinde n'importe quelle vieille paire de godillots dégueus ou chemisier troué. Dans le Marais, vous aurez évidemment quelques bons plans chez Fripes Star et Vintage Desir (chapeaux, jupes, sacs ou vestes à 5 euros facile), mais l'Eldorado des Parisiens stylés et pauvres, c'est évidemment les Guerrisol, dans le XVIIIe ; ces temples de la sape-qui-sent-mauvais regorgent de trouvailles géniales, à dénicher parmi des monceaux de laideurs. Avec ces adresses-là, plus un tour chez Emmaüs, promis, vous aurez de quoi vous faire un look infernal pour trois fois rien. Et si vous avez un peu de sous quand même, vous pouvez évidemment abuser des soldes d'hiver et d'été, mais aussi des soldes privés (à traquer sur le Web), des ventes de presse (encore grâce à un ami journaliste), et des stocks, ces étranges boutiques où les marques vendent leurs vêtements des saisons passées à des prix défiant toute concurrence (Kookaï rue Réaumur, APC rue Cassette, Sandro rue de Sévigné, etc.). Comme quoi, même fauché, rassurez-vous : Paris est à vos pieds.

L'interview parisienne

Yannig Samot

Comme tout bon Parisien, Yannig Samot a plusieurs métiers, tous étant branchés, bien entendu. Le premier, c'est comédien (vous avez notamment pu le voir sur les planches, mais aussi au cinéma dans *Les Beaux Gosses*). Le deuxième, c'est créateur de bons bistrots – très parisiens – qui cartonnent : La Famille, Le Chéri Bibi, Le Cul de Poule, c'est lui ! Interview autour d'une bonne bouffe.

Yannig, es-tu parisien ?

Oui, depuis trois générations. Ma famille était l'une des premières familles antillaises à s'installer dans le XVIIIe, dans les années trente. On a toujours vécu dans ce quartier, vers la mairie, et aujourd'hui, j'y suis encore.

Tu aimes Paris ?

J'adore. J'aime ses bistrots, bien sûr. Ses femmes magnifiques, aussi ! Ses terrasses, ses bâtiments, ses musées, ses petits vieux, ses parcs même s'il n'y en a pas assez, sa mixité, sa lumière… La Seine et ses ponts. Le Vélib', une excellente idée. Le fait que tout soit toujours possible. Et puis ses marchés ! Paris est une des rares villes du monde où les métiers de bouche sont si bien représentés, avec des spécialités culinaires du monde entier, des bons cavistes, charcutiers, boulangers… Pour un gourmet, Paris est un conte de fées.

Que n'aimes-tu pas ici ?

La ville se boboïse à vitesse grand V, j'essaie de la voir comme je l'ai connue petit mais ce n'est pas toujours facile. Je n'aime pas la pollution, non plus. Et le fait que la nuit, le bruit et la fête soient si sévèrement réprimés : les bobos viennent dans les quartiers populaires mais veulent les museler ! J'aimerais aussi qu'il y ait plus d'arbres dans le béton. Sinon, je milite pour le retour du vrai bon sandwich (de plus en plus difficile à trouver), et contre les chiens qui font leurs besoins n'importe où, dont sur l'antivol de mon scooter. Tenez vos chiens, bon sang !

Et les Parisiens ?

Il n'y a pas *un* Parisien, il y a plein de tribus différentes... C'est ce que j'aime ici, le métissage. Je peux passer d'un vieux bar kabyle à un salon branché, d'une fille en Chanel à un vieux mec avec mégot de Gitane maïs. J'aime tous ces gens différents et je ne veux pas que l'un soit plus fort que l'autre, personne ne doit gagner, tout le monde doit cohabiter.

Quelques bonnes adresses pour les lecteurs gourmands ?

La baguette chez Julien (75, rue Saint-Honoré), le pain chez Poujauran (18, rue Jean-Nicot), les pâtisseries chez Pierre Hermé bien sûr (72, rue Bonaparte ; 185, rue de Vaugirard), le fromage chez Marie-Anne Cantin (12, rue du Champ-de-Mars), le beurre et la crème chez Beillevaire (86, rue Raymond-Losserand ; 140, rue de Belleville) et les éclairs chez Carette (4, place du Trocadéro) !

La Famille (41, rue des Trois-Frères 75018 – 01 42 52 11 12)
Le Chéri Bibi (15, rue André-del-Sarte 75018 – 01 42 54 88 96)
Le Cul de Poule (53, rue des Martyrs 75009 – 01 53 16 13 07)

Test

[Quel(le) Parisien(ne) sommeille en vous… ?]

Paris est un monde. Dans ses divers arrondissements et autres zones plus floues, différentes tribus cousines se côtoient. Quelle est la vôtre ? Découvrez-la grâce à ce test des plus scientifiques qui, bien entendu, ne donne pas du tout dans le cliché le plus éhonté.

Dix questions pour savoir où réside votre cœur

Afin de faire ce test en toute intégrité, munissez-vous d'un cerveau (en plus ou moins bon état), d'un café allongé et d'une bonne dose d'honnêteté. La calculatrice est en option, les drogues aussi.

Question 1. C'est dimanche. Au programme, votre occupation dominicale indispensable sera :

- **a.** Le brunch-resto dans le Marais ou chez des amis.
- **b.** Le jogging, le Pilates ou la marche au bois (de Vincennes, de Boulogne…).
- **c.** La sortie au musée après le gigot dominical (avec ou sans enfants récalcitrants).
- **d.** La glande totale devant un DVD, rapport à la charge que vous vous êtes prise cette nuit. Éventuellement un café-aspirine entre potes vers 18 heures.
- **e.** Un bon petit resto + une séance shopping là où c'est ouvert.

Question 2. Vos restaurants préférés :

a. Le Fumoir, Mme Shawn, La Félicité, Cococook…
b. L'Aquarius (végétarien), Cojean, Bioboa…
c. La Plage, Taillevent ou L'Arpège pour les très grandes occasions, mais un bon déjeuner à la maison c'est encore mieux.
d. Le Chéri Bibi, le Derrière, les délicieux bouis-bouis pourris du XXe… et tous les nouveaux qui viennent d'ouvrir.
e. Le Magnifique, le Kong, le Sens, La Païva…

Question 3. Pour le café du matin, votre lecture favorite :

a. *Libé, ELLE, Marie Claire, Télérama.*
b. *Ushuaïa magazine, Le Monde magazine, Le Nouvel Obs.*
c. *Le Figaro, Madame Figaro, Le Point, L'Express, La Croix, Paris Match.*
d. *Technikart, Les Inrocks, Diva, À nous Paris, et surtout des webzines.*
e. *L'Officiel, Vogue, Capital, Le Monde.*

Question 4. Shopping-time. Vos achats du mois (et leurs marques selon le budget) :

a. Une énième paire de chaussures, un chapeau, un sac (H & M, Paul Smith, Zadig ou Sandro).
b. Une crème bio, un pull en cachemire, un sautoir fantaisie (Monoprix, Stella McCartney ou une marque éthique).
c. Un serre-tête, une cravate, un pantalon (chez Franck et Fils ou au Bon Marché).
d. Des Converse, une chemise à carreaux, une robe dingue (Guerrisold, The Kooples ou Zara).
e. Un nouveau BlackBerry, un maillot de bain, une babiole ultraluxe (Chanel, Vilebrequin ou Maje).

Question 5. Votre situation sentimentale :

a. Célibataire ou fraîchement en couple, et si enfants, encore petits. Ou alors secrètement en relation avec un homme marié.
b. En couple, de préférence marié, de préférence avec enfants, ou alors célibataire pieuse en quête d'amour-toujours.
c. Très très marié, enfants, neveux, cousins, arrière-grands-parents, baptême de la dernière nièce le mois prochain.
d. Célibataire, mais un peu en couple, enfin ça dépend, c'est quoi exactement la question ?
e. En couple, et mes amis sont en couple, et ils commencent tous à se marier, d'ailleurs.

Question 6. Cet après-midi, rendez-vous entre amis. Votre QG :

a. Un bar propre, staïly, à la déco qui se la raconte un peu (Étienne Marcel, Café Charlot, Delaville).
b. Un salon de thé bobo, un café tout en bois, calme et cosy (Mariage Frères, La Fée Verte, Le Bar à Thé, Chez Sésame).
c. Un salon de thé à l'ancienne, un café bourgeois, un bar de musée ou d'hôtel (Angelina, Le Flore, Le Ritz Paris Bar).
d. Un rade très parisien qui la joue oldschool mais dont la faune indique le degré de branchitude (Chez Jeannette, La Perle, La Mercerie, Le Sainte Marthe), ou alors le PMU d'en bas (Chez Roberto).
e. Un café élégant mais simple, pas loin de la maison (Le Café du Troca, La Gare, Café Marly).

Question 7. Les mots que vous prononcez le plus :

a. Web, livre, fringue, téléphone, « C'est juste pas possible ».

b. Week-end, mariage, environnement, demain, « Je ne suis pas tout à fait d'accord ».
c. Enceinte, maison, dimanche, économies, « J'en serais ravi(e) ».
d. Facebook, grave, soirée, rock, déchiré, « Ah mais ouais carrément ».
e. Dîner, Bourse, défilé, BBM, Londres, « Tu devineras jamais ce que j'ai appris ».

Question 8. Vos prochaines vacances coûteuses :

a. Un Club Med au soleil avec vos potes ou votre chéri(e), ou alors un trip *roots* et sportif en Amérique du Sud.
b. Un peu à la campagne en famille, puis un peu en amoureux en Corse.
c. Dans la maison familiale à La Baule, à Deauville, à l'île d'Yeu, à Saint-Jean-Cap-Ferrat, ou, dans un autre genre, à Ramatuelle.
d. Un trip en Birmanie, en Argentine ou au Japon, et si moins de sous, une ville obscure d'Europe de l'Est.
e. Saint-Trop' l'été, Courchevel l'hiver, ou New York, peut-être.

Question 9. Vous vous déplacez :

a. À scooter ou en métro.
b. À vélo ou en métro.
c. En break, Smart, sinon bus et taxi.
d. À scooter ou à vélo.
e. En Mini Austin et taxi.

Question 10. Votre profession :

a. Pub, journalisme, communication, production.
b. Consulting, environnement, nouvelles technologies.
c. Management, industrie, femme au foyer, décoration.
d. Petits boulots, scène, monde de la nuit, communication, étudiant, restauration, ne sait pas trop.
e. Finances, mode, édition, business.

Résultats

Si vous avez une majorité de « a » : vous êtes un Branché malgré lui

Quartiers de prédilection : le haut Marais (IIIe), le Xe, le IVe, le Ier, le IIe…
Pas staïly pour un sou (du moins le croyez-vous naïvement), vous aimez que Paris vous offre tout plein de lieux, de métiers et d'activités culturelles géniales, mais ne vous laissez pas entraîner par les sirènes des *hipsters*. Vous vivez naturellement entre le cœur de la ville (hystérique) et vos aspirations persos (très communes, au fond). Vous êtes d'ailleurs un peu tiraillé entre vos valeurs classiques et vos envies fofolles. Cet équilibre, qui vous rend un peu schizophrène, vous permet d'aimer Paris sans en être trop dupe. En gros, vous vous éclatez quand même comme un malade.
Le chapitre qui vous ressemble : « Être Parisien(ne) et se cultiver ».
Mon conseil : continuez comme ça, et passez souvent des week-ends hors de la ville pour garder recul et sérénité.

Si vous avez une majorité de « b » : vous êtes un Bobo mûr

Quartiers de prédilection : Vincennes, Montreuil, le XIe, le XVe, le Ve.
Parisien de cœur, vous aspirez néanmoins à partir d'ici un jour. Cette ville vous épanouit culturellement mais s'oppose trop franchement à vos idéaux. À savoir : pouvoir exercer un métier qui vous excite dans un lieu moins pollué, plus sain, plus calme. Là aussi, on peut y voir une certaine schizophrénie (très fréquente à Paris). Trente- ou quarantenaire, vous attendez la bonne occasion pour quitter « cette ville de fous » où pourtant, à coups de magasins bio, d'intérieurs cosy et d'enfants propres sur eux, vous construisez votre nid « *green-*

tech ». Vous êtes la catégorie la plus subtile et la plus évoluée des Parisiens : celle qui a déjà un œil dehors, prête au voyage, mûre pour une nouvelle étape. La version gold du logiciel, en quelque sorte. Mais un peu traître, quand même.
Le chapitre qui vous ressemble : « Être Parisien(ne) et partir en week-end ».
Mon conseil : malgré vos convictions, il est possible que vous ne réussissiez jamais à partir d'ici. Ne perdez pas vos objectifs de vue. Mais attention, une fois parti, vous allez peut-être le regretter…

Si vous avez une majorité de « c » : vous êtes un Bourge à l'ancienne

Quartiers de prédilection : le VIIe, le XVIe, le VIe, le XVe.
Quand vous passez place de la Concorde, vous avez toujours une pensée émue pour vos ancêtres guillotinés pendant la Révolution. Issu d'une bonne famille bourgeoise aux valeurs ancrées dans la pierre ancestrale de votre résidence secondaire, vous ne connaissez pas la rive droite de la Seine et êtes bien soulagé que Saint-Germain-des-Prés soit enfin en retour de *hype* (merci Le Montana). Quels que soient votre sexe et votre âge, vous aimez Paris parce que c'est avant tout le symbole de notre bonne vieille France. Ce qui ne vous empêche pas d'être moderne, non mais.
Le chapitre qui vous ressemble : « Être Parisien(ne) et se sociabiliser ».
Mon conseil : un jour de folie, traversez la Seine, déguisez-vous, faites un truc interdit et ricanez bêtement.

Si vous avez une majorité de « d » : vous êtes un Hipster underground

Quartiers de prédilection : le XIXe, le XXe, le XVIIIe et les bars bizarres la nuit.
Vous appartenez à une espèce très attachante du Parisien, puisqu'un peu à part. Héritier complexe de la new wave,

du communisme et des plus grands tendanceurs à la fois (mélange savamment cuisiné à la truelle, je n'ai peur de rien), vous êtes l'élite de la hypitude dans ce qu'elle a de plus sale et de plus pointu. Vous détestez les lieux trop famous ou classiques (Le Baron, quelle horreur ; le XVIe, plutôt crever), mais pourchassez pourtant la branchitude avec acharnement. Vous rêveriez d'être le roi du gonzo-journalisme ou du cinéma d'auteur maudit. Vous êtes musicien, aussi. Et plutôt jeune dans votre tête. Insaisissable et en même temps tellement facile à deviner, je vous l'avoue, vous êtes mes petits rats de laboratoire préférés. En plus, j'adore la barbe.
Le chapitre qui vous ressemble : « Être Parisien(ne) dans les bars ».
Mon conseil : cessez de clamer partout que vous détestez la brancherie et ceux qui en parlent. Vous n'êtes pas crédible. Allez, faites-moi un bisou, là, au lieu de grogner. On n'est pas fâchés.

Si vous avez une majorité de « e » : vous êtes un Bourge 2.0

Quartiers de prédilection : le XVIe, le Ier, le IIe, Neuilly, le VIIIe. Contrairement à vos cousins oldschool (ceux qui ont une majorité de « c »), vous faites partie de la famille bourgeoise branchée, jeunesse dorée, Troca contemporain. Oui, vos parents ont de l'argent, et oui, vos professions vous appelleront certainement à vivre sur ce même pied. Mais vous avez pris le train en marche et n'avez pas peur de découvrir le reste du monde parisien pour encore mieux aimer votre ville. Conscients de votre chance, atteints du syndrome Beigbeder (« je suis famous, je suis tuné, je suis sexy et intelligent, mais parfois j'ai mal partout »), vous faites comme vous pouvez malgré le poids écrasant des responsabilités – vous n'avez pas le droit à l'erreur car aucune excuse. Il est difficile de n'avoir aucune tendresse pour vous. Moi je vous adore (mais bon, comme chacun sait, j'ai un faible monstrueux pour les Parisiens, donc mon avis ne compte pas beaucoup).

Le chapitre qui vous ressemble : « Être Parisien(ne) et clubber ».
Mon conseil : lâchez-vous un peu et fréquentez les hipsters en chemise à carreaux. Ça ferait de très beaux mélanges.

Si vous avez à peu près de tout : vous êtes un vrai Parigot

Je n'aurai qu'un mot : Wow… Si vos réponses sautent d'un profil à l'autre, si toutes les phrases ou presque vous ressemblent un peu, si vous vous reconnaissez en partie dans chaque portrait selon les jours et votre humeur, pas de souci, Delanoë affichera votre photo dans son bureau. Et moi, je vous décerne la palme de la ville. J'aimerais vous rencontrer un jour afin de vous offrir une coupe de champagne en vous baisant les mains.
Le chapitre qui vous ressemble : tous, évidemment.
Mon conseil : ne changez rien, vous êtes magique.

L'interview parisienne

Anne Marivin

Issue du Cours Florent, Anne Marivin est l'une des petites fiancées préférées du cinéma français. Après quelques seconds rôles dans *Mon Idole*, *Chouchou* ou *Podium*, elle est révélée au grand public par son rôle dans *Bienvenue chez les Ch'tis*, carton au box-office. Depuis, cette jeune maman tourne de plus en plus (*Je vais te manquer*, *Le Coach*...), tout en profitant de sa ville chérie. Rencontre avec une vraie Parisienne de cœur.

Anne, es-tu parisienne ?

De cœur seulement. À la base, je viens de Senlis. Ce n'est qu'à 100 km d'ici, mais ça paraît très loin. Je suis arrivée à Paris à 15 ans. Je savais que ma vie n'était pas dans l'Oise, où je manquais d'oxygène, où tout s'arrêtait le dimanche… En 20 ans, j'ai vécu un peu partout dans la capitale, dans des endroits très différents : porte de Montreuil, rue Boissy d'Anglas, dans le XVIIe, rue de Bretagne ou encore Ledru-Rollin.

Aimes-tu Paris ?

J'adore Paris… ! Quand j'étais ado, cette ville était mon fantasme, mon Éden, le New York français. Ce qui est fantastique à Paris, c'est l'accès à toute une vie culturelle à portée de main : en province, sans voiture, impossible d'aller au cinéma ou au théâtre, par exemple. Ado, je m'ennuyais à mourir, ça me rendait dingue d'être dépendante d'un véhicule. Ici, un gamin peut aller au musée d'Orsay ou au ciné quand ça lui chante, et je trouve ça génial. On ne mûrit pas de la même façon dans une grande ville et dans une petite. Et puis, je l'avoue, ce que j'aime à Paris, c'est aussi tout ce qui hérisse les provinciaux, ce qui fait la ville, comme le bitume ou la foule. J'aime aussi cette façon qu'on a de recréer une vie de village dans son petit quartier : très vite, on connaît les commerçants, on prend ses habitudes, tout le monde prend des nouvelles de tout le monde… Et puis, évidemment, je ne me lasse jamais des quais la nuit. On dirait un décor de cinéma, ça me fait le même effet à chaque fois.

Il y a des choses que tu n'aimes pas ici ?

Pas beaucoup en fait… Les prix, bien sûr, qui sont excessifs et chassent parfois de leur quartier des gens qui ont toujours vécu là. Sinon, depuis que je suis maman, je trouve le bruit insupportable, c'est carrément du terrorisme auditif ! Les Parisiens sont des dingues du klaxon. Il y a aussi des coins qui me rendent nostalgique, comme la rue de Bretagne où j'ai vécu sept ans, avant qu'elle ne se boboïse… Mais globalement, ça va, je trouve qu'on modernise bien Paris, sans trop la défigurer, avec de beaux projets comme la bibliothèque François Mitterrand ou le MK2 Quai de Seine.

Et que penses-tu des Parisiens ?

J'aurais du mal à en dire du mal… Je me sens tellement parisienne moi-même que leurs défauts sont les miens – comme le stress ou l'impatience. C'est vrai, parfois, ils ne sont pas toujours sympathiques, mais même le serveur bougon qui fait la tronche quand on lui commande un café me fait marrer ! Mine de rien, les Parisiens sont plus ouverts qu'on veut bien le dire, et un étranger ou un provincial pourra être adopté assez rapidement dans cette ville. Non vraiment, désolée, je n'arrive pas à dire du mal de Paris, je l'aime trop ! *(Rires.)*

Leçon 5

LA SEMAINE TYPE DU PARFAIT PARISIEN

« La France traverse une phase de vulgarité. Paris, centre et rayonnement de bêtise universelle. »

Charles Baudelaire, préface des Fleurs du Mal

Vous savez désormais communiquer, vous déplacer, sortir, vous informer et vivre une relation amoureuse comme de vrais Parisiens. Il est temps d'aborder des sujets un peu plus triviaux mais néanmoins essentiels à votre vie locale, en détaillant les activités quotidiennes de nos amis les Parisiens.

Être Parisien(ne) en semaine

On ne va pas se mentir : si vous souhaitez réellement obtenir votre passeport de la ville, vos semaines risquent d'être sévèrement chargées, compliquées, mouvementées, mais aussi, Dieu merci, passionnantes et colorées. Du lundi au vendredi, découvrez tout ce qui fait le sel (et surtout le poivre) du quotidien des habitants de la Ville lumière. Une fois de plus, bon courage.

Le Parisien, en semaine comme en week-end, a une règle majeure : surbooker son agenda jusqu'à ce qu'il explose. C'est la base de tout.

Sa journée se découpe en temps bien définis selon ses activités principales. Bien entendu, nous ferons ici des généralités sans prendre en compte certaines particularités (exemple : si vous êtes commerçant, vous ne travaillez pas le lundi mais le samedi ; si vous êtes femme au foyer, vous n'êtes pas au boulot mais tout aussi occupée ; si vous êtes publicitaire, vous ne commencez pas vos journées à 8 h 30 mais à 11 heures ; si vous êtes étudiant, vous ne commencez pas vos journées du tout, etc.).

Le café du matin : une délicieuse tradition

En semaine, aussi cliché que cela puisse paraître, vous devrez absolument prendre un café dans un bistrot le matin. Avec ou sans croissant (les Parisiens font attention à leur ligne mais restent de fabuleux épicuriens), avec ou sans clope (ce qui, avec clope, vous condamne à la terrasse, et c'est parfait), il est de bon ton de faire un stop entre chez vous et le bureau dans votre « café du coin » pour le premier contact de la journée avec votre ville chérie.

Lors de cet instant magique et privilégié, le mieux est d'être seul. Cela étant, vous avez parfaitement le droit de boire votre café du matin avec votre amour, vos amis ou – parisien à mort – un rendez-vous boulot. J'ai personnellement testé un paquet de « petits déj' » avec des attachés de presse, et apparemment, ça n'a rien d'étrange.

Bien entendu, pour faire couleur locale, vous y lirez le journal (*Libé* ou *Le Parisien*, voire *Le Monde* si vous souhaitez vous la jouer un peu) tout en consultant vos mails (sur iPhone ou BlackBerry) et en regardant nonchalamment les passants – pour cela, vous aurez pris soin de vous placer soit en terrasse, soit tout proche de la vitre. Vous êtes motivé ? Alors à vous le sacro-saint zinc, le divin comptoir, bref, La Mecque du bar. Promis, avec un crème, un journal, un BlackBerry et le comptoir, vous serez plus parisien que Bertrand Delanoë lui-même. Bertrand qui, d'ailleurs, pratique cette coutume tous les matins au bar en face de l'hôtel de ville, comme quoi, dans ce bouquin, je ne raconte pas que des absurdités sorties de mon cerveau malade.

La « journée au boulot » : une notion bien floue

Dans toute la France voire le monde entier, les gens vont au boulot dans la journée (sauf exceptions nocturnes et chômeurs). Comment le Parisien se distingue-t-il, alors, de ses pairs… ? Facile : il choisit des métiers à l'agenda aléatoire ! Ne supportant pas la routine, la normalité, en un mot la banalité (et aussi, accessoirement, évitant de travailler en usine), le Parisien a su créer un paquet de métiers dits « créatifs » dont l'agenda ne répondait en rien à un pointage quotidien insupportable. Pour être un parfait Parisien, vous devrez donc choisir une profession en free-lance où vous serez votre propre maître (et pourrez donc totalement choisir vos horaires), ou un métier flexible et virevoltant dans son emploi du temps. Par exemple : comédien, chanteuse, écrivain, peintre, danseuse, cinéaste, graphiste, producteur, politique, entrepreneur, directrice artistique, journaliste, webmaster… Bref, tout ce que votre oncle (boucher dans l'Oise ou expert-comptable à Moulins) appelle des « métiers de feignants ». Ce en quoi il se trompe, car à force de n'avoir ni horaires, ni séparation nette entre loisirs et travail, les Parisiens aux métiers créatifs perdent la tête et travaillent en permanence. Je vous dis ça, je sais de quoi je parle, puisqu'on est dimanche, qu'il est 13 h 17 et que je turbine sur ce livre comme un hamster dans sa roue pendant que les gens normaux se baladent au soleil. Tout va bien.

Vos journées, avec ces métiers, auront donc des horaires étranges, mais seront tout de même ultra-remplies. Commencer à bosser tard veut dire finir tard, ne rien avoir de fixe veut dire être hyperdisponible, et si vous travaillez où vous voulez, vous jonglerez entre chez vous, un local de boulot, des cafés et dix-sept rendez-vous différents (dont deux déjeuners) dans la journée. Ou la soirée…

La soirée parisienne : un marathon divertissant

Après cette journée floue mais éreintante, loin de vous l'idée d'aller vous faire tranquillou un plateau-télé avec votre amoureux(se) pour ensuite vous coucher béatement à 22 heures. Laissez-moi rigoler. Le soir, petits veinards, votre seconde journée commence ! Et je ne parle même pas de celle qui concerne votre maison et vos enfants.

Après le travail, vous allez, dans le désordre : vous faire un vernissage, rejoindre des amis à un apéro, vous coltiner un dîner de boulot et/ou d'amis (souvent, les Parisiens mélangent les deux, comme dans la journée, il n'y a pas vraiment de frontière), faire des retouches sur un travail, prendre un verre avec une copine, aller voir le dernier Tarantino, passer au lancement du roman de votre ami d'enfance, transpirer au concert du groupe de votre ex, enfiler des coupes dans votre club favori, draguer, vous faire draguer, faire l'amour et/ou vous disputer avec votre chéri(e), mater un ou deux épisodes de *Dexter*, lire quelques pages d'un superbouquin... Liste non exhaustive. Je suis fatiguée rien que de l'avoir écrite.

Bon à savoir : les jours types

Attention, apprentis Parisiens ! Lors de votre semaine locale, même si vous avez compris pouvoir tout faire à foison, sachez qu'il y a quelques règles à respecter, des *do's* et des *don'ts* selon les jours de la semaine. Démonstration.

- Le **lundi** et le **mardi**, contrairement à ce qu'on nous enseigne depuis l'enfance, sont des jours merveilleux. En effet, plus ou moins reposé de son week-end (car le samedi soir, à Paris, on ne sort pas), le Parisien est presque frais et dispo, et sait, surtout, que ces deux premiers soirs de la semaine sont riches en événements de connaisseur. Car oui, le lundi et le mardi, aussi surprenant que cela puisse paraître à la plèbe, ce sont les meilleurs soirs pour sortir à la parisienne, tout en hypitude et délicatesse ! Généralement, ce sont ces jours-là qu'auront lieu des lancements de clubs, des avant-premières de cinéma (le mardi), des concerts de jeunes groupes prometteurs (au Baron le lundi), du clubbing calme entre vrais habitués (tous les clubs branchés ouvrent en début de semaine et y passent leur meilleure musique), ou même des événements majeurs (lancement de la Blitz tequila au Cercle)... Il flotte ces soirs-là une ambiance détendue que partagent les experts avec délectation.

- Le **mercredi** est un jour plutôt facile à maîtriser puisque vous pouvez y faire pas mal de choses (dîners entre amis, clubbing, théâtre, restos en amoureux, vernissages de la FIAC ou Paris Photo, etc.). Sauf une, formellement interdite : le cinéma. Eh oui malheureux, c'est le jour de sortie des films ! Il est donc totalement plouc d'aller au ciné ce soir-là, sous peine de ressembler au commun des mortels et de faire la queue comme des sardines dans des salles vulgairement peuplées. Bien entendu, vous avez le droit, en revanche, d'aller voir la première séance de la journée à 11 heures du matin : là, non seulement c'est différent, mais en plus, c'est assez classe (« Le dernier Lynch qui sort ce soir ? Ah non, désolée, je l'ai vu ce matin. »). Enfin, c'est du moins le dernier recours si vous n'avez pas vu ledit film en avant-première ou en projection privée et/ou presse.
- Le **jeudi**, c'est l'infarctus-*day* ! Jour le plus fou de la semaine, le jeudi est généralement surchargé de vernissages, d'apéros et de soirées en tout genre. Les clubs proposent des millions de fêtes (DJ déments, thèmes dingues, événements surplanétaires type « Le Bal des vampires » pour les cinq ans du Baron), les galeries se trémoussent en tous sens pour leur openings d'expos, les bars se démènent pour vous attirer en première partie de soirée comme s'ils étaient soudainement devenus des clubs... Un conseil : évitez soigneusement d'organiser des dîners ce

jour-là, même par provocation branchouille. Les gens seront très embêtés de venir au vu de tout ce qu'ils pourraient potentiellement rater, et pourraient vous planter. Deuxième conseil : préparez soigneusement votre feuille de route pour la soirée. Passer d'un vernissage à l'opening d'une boutique pour ensuite enchaîner sur un événement *arty* puis deux soirées clubbing plus un anniversaire, ça peut vite devenir compliqué. Mais bon, que voulez-vous, c'est jeudi, c'est la folie.

❖ Le **vendredi** est un jour assez bâtard. À cheval sur la semaine et le week-end, on ne sait jamais s'il faut ou non sortir ce soir-là. Généralement, on est déchiqueté par le travail effectué durant la semaine, combiné à toutes les soirées (l'usage étant de sortir trois soirs sur les quatre). De plus, si vous avez bien joué votre jeudi soir, vous avez dormi deux heures et avez envie de vomir au moindre déplacement de votre pauvre tête. Et la fatigue n'est pas le seul problème : sans être aussi ringard que le samedi, le vendredi soir souffre d'une image un peu attendue pour tout ce qui est des sorties. Genre : « C'est férié demain, donc grosse teuf ce soir. » Vous connaissez les paradoxes snobisants du Parisien. Si toute la France est tentée de sortir le vendredi, il sera forcément tenté de ne pas le faire. Ce soir-là, préférez donc : un apéro qui dure des heures en terrasse avec votre meilleur ami, une soirée ciné en couple, un dîner en famille. Ça fait du bien, hein… ?

❖ Le **samedi**, c'est repos. Contrairement à tous ces quidams qui la jouent *Saturday night fever* dans le monde entier, les Parisiens ne sortent JAMAIS le samedi. Ils bossent, se reposent, boivent des cafés, font du shopping, voient enfin leurs enfants, traînent au lit, et le soir, c'est dîner pépère, en couple ou entre amis, voire DVD en solitaire. Ils peuvent aussi partir en week-end, bien sûr. Dans tous les cas, le samedi est un jour où les névroses se reposent, les impératifs aussi, et peut-être le seul de la semaine où les Parisiens s'écoutent et se laissent aller. Dieu que c'est bon…

Être Parisien(ne) le dimanche

Être Parisien(ne) n'étant ni un métier, ni un sport, ni un loisir, mais bien une religion à part entière, c'est un *full-time job*. Autrement dit, encore plus forts que Dieu lui-même, le Parisien et la Parisienne ne connaissent pas le repos du septième jour.

Le dimanche est peut-être le jour où être Parisien(ne) est le plus parisien.

Pourquoi donc ? Tout simplement parce que c'est le jour de la semaine où la capitale se différencie le plus de ses lointaines cousines françaises. Boutiques ouvertes (eh oui), faible intérêt pour la messe, brunchs en pagaille et sorties culturelles à gogo : ce jour-là, Paris se singularise et se hausse bien au-dessus du commun des villes mortelles ; bref, elle est particulièrement elle-même.

Pour être un parfait Parisien le dimanche (et non pas un Parisien du dimanche, humour), il y a quelques règles simples à respecter.

- **Règle n° 1 : ne pas faire comme les autres Français**

D'abord, sachez que se lever tôt pour aller faire le marché, comme la plupart des gens sensés vivant ailleurs en France, n'est pas obligatoire. Cette remarque vaut aussi pour le samedi, selon votre quartier. Bien sûr, il est toujours de bon ton d'annoncer d'un air badin, au bureau, que vous adorez faire le marché, mais attention : cela requiert une réputation et un look extrêmement pointus. Sinon, vous passerez pour un provincial égaré (oui, le mot est lâché, je sais, ce livre est ignoble, en même temps si vous ne saisissez pas le douzième degré je ne peux rien faire pour vous). Donc disais-je, en cas de degré de branchitude incertain ou carrément insuffisant, évitez le marché. Même chose pour la messe.

En revanche, vous pouvez tout à fait vous lever pour faire du sport – car les Parisien(ne)s aiment le sport. À petite dose. Enfin, certains. Vous trouverez tous les détails sur ce sujet dans les pages suivantes.

Pour le déjeuner, ne faites surtout pas un « déjeuner », malheureux ! C'est ringard. Optez plutôt pour le brunch, comme à New York (seule ville dont Paris tolère la comparaison). On se réunit entre amis, on bâfre comme des gorets du salé et du sucré, on traîne des heures à table en buvant des litres de café, et hop, même si tout ce qu'on a fait n'est que manger à 13 heures, non, ce n'est pas un déjeuner, alors là non, pardon mais c'est un *brunch*, rien à voir. Cette activité dominicale peut se pratiquer à la maison (mais toujours en compagnie d'autres amis), ou dans l'un des nombreux restaurants de la ville ayant compris le juteux argument marketing possible avec cette étrange locution américaine. Joe Allen, Le Loir dans la Théière, Mariage Frères, le Crillon, mais aussi une liste interminable d'autres restos, vous accueilleront dans votre apprentissage du dimanche parisien avec plaisir. Et une note conséquente. Mais c'est vraiment bon.

• **Règle n° 2 : faire les mêmes trucs qu'en semaine**

Le Parisien a beau être malin (... ah si, quand même, on peut dire beaucoup de choses négatives sur lui, mais difficilement le traiter d'abruti), il n'a apparemment pas compris que le dimanche était fait pour se reposer. Et/ou faire des trucs différents que les autres jours de la semaine. Bizarre, mais avéré.

Par exemple, pour vivre un véritable dimanche après-midi parisien, il vous est fortement recommandé de shopper – eh oui, sinon à quoi ça sert d'être à Paris un jour du Seigneur, bougre de vous ? ! La rue des Francs-Bourgeois, absolument blindée même en cas de froid polaire, ou les Champs-Élysées, blindés aussi mais avec plus de touristes, vous attendent avec leurs boutiques tentatrices et ouvertes jusqu'au soir. Un musée, un café en terrasse, une pause sur l'étroite pelouse de la place des Vosges : usez et abusez des clichés dominicaux, c'est délectable. Le tout étant de faire plein de trucs, toute la journée ou presque, et de rentrer crevé le soir pour bien attaquer la semaine en vrac le lendemain. Car le réflexe parisien est simple : « Il faut bien profiter de la richesse de ma ville / Je ne vais pas rester chez moi à ne rien faire / Je suis sociable, cultivé et trendy / Pas comme ces pauvres gens de province qui ne peuvent rien faire le week-end / Ce serait trop la honte de ne rien faire le dimanche comme si je n'avais pas de vie. » Eh oui. Fatigant, mais indispensable dans votre perfectionnement local.

Si vous souhaitez tenter la médaille d'or du parisianisme, vous pouvez carrément rassembler vos forces et sortir le soir. Franchement, quelle autre ville du monde (bon, disons de France) permet ce luxe ? Pas beaucoup, et c'est marqué au coin du bon sens, vu qu'après tout, le lendemain, il y a école. Oui, mais à Paris, on est trop des rebelles. Donc, sortez le dimanche ! Un petit tour au Baron ou chez Régine, un tour sur la péniche du Sunny Sunday, une soirée spéciale (pour un lancement de livre, par exemple, ou un « Aperitivo ») au Chacha, ou juste un restaurant sympathique (et ouvert), type Étienne Marcel, donneront à votre dimanche soir un air typiquement parisien, vous permettant d'attaquer la semaine complètement déchiqueté le lendemain. Youpi.

Bien sûr, vous pouvez aussi choisir de glander dans le canapé, de mater des séries américaines ou de monter tranquillement une armoire Ikea ce jour-là, même pas douché, vêtu d'un vieux jogging, tout en mangeant une pizza sur un coin de table. Vous pouvez également aller au marché, faire un déjeuner de famille, vous reposer en amoureux ou bouquiner tranquillement avec délectation. Vous avez le droit, mais par pitié, n'en parlez à personne : ça pourrait vous attirer des ennuis.

Être Parisien(ne) au supermarché

Malgré les apparences, vivre à Paris n'oblige pas à se sustenter uniquement au restaurant. Faire ses courses est une activité presque honteuse dans la glorieuse capitale. Pourtant, c'est un fait : les habitants de la plus belle ville du monde se nourrissent, utilisent des produits ménagers et se fournissent régulièrement en papier absorbant. Où, quand, comment ? Apprenez les trucs et astuces du parfait Parisien au supermarché.

Il existe plusieurs catégories de courses parisiennes, mais une seule réellement valable pour qui souhaite appartenir à l'élite de la ville. Lisez, et devinez donc laquelle est la bonne !

L'hyper du samedi

Certain(e)s Parisien(ne)s, les plus « pratiques », ressemblent fortement à leurs cousins provinciaux. Leur mode de consommation consiste en effet à aller une fois par semaine (voire une fois par mois, l'événement étant généralement appelé « le gros plein ») dans un immense hypermarché de type Auchan ou Carrefour pour tout acheter. Ils y vont alors en voiture, habituellement le samedi. Une opération assez éreintante – tout le monde adorant y aller à peu près à la même heure que les autres, ils font la queue pour garer la voiture, la queue pour payer à la caisse, la queue pour sortir du parking. Que les choses soient claires : ce mode d'approvisionnement est un peu démodé, pour ne pas dire vulgaire. Le fait que vous ayez des enfants, un métier ou toute autre considération pratique vous obligeant à faire vos courses en centre commercial le samedi n'entrant évidemment pas en ligne de compte – vous voulez être Parisien(ne) ou rejoindre la horde des anonymes sans élégance ? Voilà. Ça, c'est dit.

La flemme du Web

Certains autres, malins (et riches, et pas super motivés), utilisent le mode dit « de livraison ». Grâce à de bons sites Internet, ils commandent leurs produits depuis leur canapé et les reçoivent deux jours plus tard sans avoir à lever le petit doigt. Cette méthode a l'avantage d'éviter les foules et de faire gagner du temps mais attention, elle n'est pas typiquement locale. À utiliser, donc, avec parcimonie.

La désorganisation, a *Parisian way of life*

Nous y voilà. La meilleure (et véritable) façon parisienne de faire ses courses est généralement de passer au Monop', au Franprix ou chez le sympathique épicier (hors de prix) le plus proche, n'importe quel jour, à n'importe quelle heure, pour acheter n'importe quoi. On y va au petit bonheur la chance, parce qu'il n'y a soudain plus de café/de PQ/de pâtes/de quoi faire un apéro dînatoire pour six personnes dans dix minutes. Décomplexée, *free style* et totalement inadaptée à un quotidien sans stress (or sans stress, un Parisien n'est plus parisien), cette méthode permet de faire des courses trois fois par semaine pour pas grand-chose, de courir trop souvent avec des sacs plastique qui scient les doigts, d'avoir l'impression de posséder un frigo vide en permanence, et de joyeusement perdre du temps à l'heure où l'on serait mieux au ciné. Follement rebelle, tout sauf pratique, le Parisien adore. Je vous conseille donc d'adopter cette habitude si vous souhaitez vous fondre dans la masse des Élus.

En option, pour merveilleusement compléter cette totale désorganisation, le Parisien aime également à commander. Commander quoi ? À manger, sur Internet ou par téléphone. Japonais, indien, chinois, pizza... Cela lui permet de ne pas faire la cuisine, ni les courses, ni la vaisselle, et de voir le monde lui obéir magiquement : un must. Là aussi, cette méthode lui coûte un bras, mais peu importe – à Paris, de toute façon, tout coûte huit fois le SMIC.

La bonne attitude

Même pour faire ses courses, il existe bien sûr une *Parisian attitude*. Si vous avez lu avec attention les leçons précédentes, vous avez déjà deviné qu'un air préoccupé, affairé et hautain, doublé d'une cadence avoisinant plus ou moins le 100 mètres haies, est probablement recommandé. Gagné ! En effet, même au supermarché, le Parisien garde ses principaux signes distinctifs.

En plus de ces habituels signes de reconnaissance, vous pourrez y ajouter d'autres comportements typiquement locaux, comme :

- ❖ Râler quand une personne âgée étale ses articles sur le tapis roulant juste devant vous : « Ils ont toute la journée pour faire ça / Je bosse, moi ! / Les supermarchés devraient être interdits aux vieux le soir. » Vous pouvez éventuellement faire un croche-patte à ladite personne âgée si vous êtes en forme.
- ❖ Oublier de peser l'un de vos sacs de légumes et donc faire attendre toute la file de la caisse quand vous courrez réparer votre erreur (même si malheureusement, cette chaleureuse coutume a tendance à disparaître dans les supermarchés dotés de balances à la caisse).
- ❖ Manger un paquet de biscuits pendant que vous faites vos courses, et abandonner discrètement l'emballage vide et donc non payé dans un rayonnage avant de passer à la caisse (un plaisir coupable à ne pas rater).
- ❖ Refuser à une personne n'achetant qu'un seul article de passer devant vous alors que vous avez deux caddies pleins (vous marmonnerez

dans votre barbe que vous êtes pressé, excuse inattaquable dans cette ville comme chacun sait).

- Soupirer bruyamment quand l'hôtesse de caisse renouvelle son rouleau / annonce qu'elle va prendre sa pause / fait une erreur qui l'oblige à appeler son responsable. Car vous, au boulot, vous ne faites jamais d'erreur, n'avez jamais besoin de changer de fournitures et ne faites jamais de pause, bien sûr ! En plus, rappelons-le, vous êtes pressé.

Bref… mille et un plaisirs à renouveler chaque jour !

Être Parisien(ne) et sportif

Ne laissez pas les New-Yorkais ricaner face au titre de ce chapitre. Ne croyez pas que le seul moment où les Parisiens joggent, c'est pour attraper le métro. Sachez-le malgré les rumeurs, les Parisiens peuvent faire du sport. Parfois. Il paraît. Alors où, quand et comment bouger son corps dans la capitale du staïle ? Suivez le guide (c'est facile, il ne court pas très vite).

Malgré tous les efforts de notre Président et de son tee-shirt NYPD pour favoriser le retour du running, les habitants de la capitale française, c'est vrai, ne sont pas les gens les plus sportifs du monde. D'abord français (quand même), et par là même gastronomes et assez flemmards, on ne les voit pas enfiler leur short tous les matins comme les Américains – ou du moins, ceux qu'on voit dans les séries télé.

Vous êtes vous-même gravement allergique à cette coutume barbare qu'on appelle pompeusement « sport »… ? Je vous rassure d'emblée : pour être un vrai Parisien, vous n'êtes absolument pas obligé de faire suer votre corps douillet. En effet, vous pouvez parfaitement faire partie de ces locaux feignants et bons vivants qui n'ont jamais touché une paire de vraies baskets de leur vie. À Paris, nombreux sont ceux qui détestent faire du sport et n'ont pas honte de le dire. Généralement, ils le clament même haut et fort en ricanant, une clope dans une main et un verre de vin dans l'autre. Si vous leur dites que vous aimez courir, ils vous regardent alors avec effroi et se retiennent de vous jeter des gousses d'ail au visage. Si cet état d'esprit vous parle, tant mieux : ce délicieux hédonisme est terriblement local.

Si, en revanche, vous n'êtes pas contre un peu de sport, sachez que notre belle ville accueille en son sein 37 piscines, 43 centres municipaux de tennis, plusieurs murs d'escalade, des patinoires, 2 bases nautiques, quelques délicieux parcs et un grand nombre de gymnases et de stades où vous défouler.

Et, surtout, il existe quatre profils de Parisiens (plus ou moins) sportifs. Lequel serez-vous ?

- **Profil n° 1 : le Sportif dans sa tête**

Si vous ne faites jamais de sport mais adorez en parler, vous allez forcément choisir ce mode de *sport* là. Pour être un « Sportif dans sa tête », il suffit de se déclarer fanatique de sport, « ancien sportif » (ce qui ne veut rien dire, et peut simplement faire référence à vos cours d'EPS de lycée ou à un stage de voile datant de 1998) et d'être abonné à *L'Équipe*. Il est fortement conseillé de boire des bières devant le foot, de zoner au Parc de temps en temps et de jubiler quand Roland Garros arrive. Et si quelqu'un se permet de vous dire que vous ne faites jamais de sport, la parade est simple : 1. vous n'avez pas le temps (ben tiens, vous êtes parisien), 2. vous faites du ski chaque année (une semaine), 3. vous promenez votre chien tous les matins (et pardon, mais ça nécessite de marcher presque dix minutes à deux à l'heure), 4. vous faites un foot chaque dimanche matin avec les copains (ce qui, en réalité, vous est arrivé une fois en mars 1993 – mais après vous avez eu la flemme, ou pas le temps, ou un truc dans le genre).

• **Profil n° 2 : le Sportif « bonnes résolutions »**

Celui-là, toutes les salles de sport le connaissent. Enthousiaste, sympathique et terriblement velléitaire, le « Sportif "bonnes résolutions" » est cet homme qui, chaque 1er janvier, jure qu'il va s'abonner au Club Med Gym pour aller soulever de la fonte. C'est aussi cette femme qui, sur la plage, maudit ses bourrelets et rêve d'aller courir tous les matins dès son retour à Paris. Bien sûr, ils n'en feront rien. Très répandu, le « Sportif "bonnes résolutions" » arbore une carte de club prestigieux (Waou, L'Usine, Le Klay) qui ne sert généralement à rien. Comme il y va quand même de temps en temps (à chaque solstice d'été par exemple), et que la première semaine de son abonnement, il y est allé trois fois en deux jours, il ne peut s'empêcher de vanter les mérites du sport et de faire croire à tout le monde qu'il y va souvent. Seule sa femme (ou son mari) connaît la vérité et le couvre honteusement.

• **Profil n° 3 : le Sportif pointu**

Mon préféré. Pour ma part, je considère que c'est le plus parisien des quatre parce qu'il se distingue du monde qui l'entoure de façon extrêmement branchée.

Tout comme les Parisiens qui veulent toujours être originaux, spéciaux, bref, au-dessus de la masse, le « Sportif pointu » ne fait pas le même sport que tout le monde, et sidère toujours un peu l'assistance quand il annonce son activité préférée. Équitation, danse classique ou badminton font déjà leur petit effet en société, puisqu'en général, à Paris, la masse fait soit du jogging dehors, soit des cours en club. Du coup, forcément, le saut d'obstacles ou les pointes Repetto marquent leur différence. Mais pour être un topissime « Sportif pointu », pourquoi ne pas choisir une activité encore plus improbable ? Pour sûr, vous serez certain d'épater le monde en vous annonçant passionné de hockey subaquatique (comme son nom l'indique), de Kin-Ball canadien (avec son ballon géant), d'extreme carving (wow), ou, carrément, de tchoukball (un sport suisse dont le seul nom me ravit). Comme personne n'y connaît rien, vous pouvez raconter n'importe quoi et briller d'une aura mystérieuse, originale et terriblement chic. Parisienne, donc.

- **Profil n° 4 : le Vrai sportif**

Aïe. Celui-ci n'est pas le plus fun de tous, et en plus, il fait *vraiment* du sport. Mais vous devez apprendre, jeune padawan, qu'il est extrêmement répandu à Paris ces derniers temps. Le « Vrai sportif », qui peut être votre mari, votre jolie collègue ou même votre vieux pote ex-fumeur-alcoolique-drogué, est cette personne étrange qui aime réellement pratiquer une activité physique. Je veux dire, pour de vrai, pas pour maigrir ou se donner un genre. Il vous dit que c'est « trop bon », que ça lui permet de « décompresser », de « se sentir vivant » ou autres étranges formulations new age. Il va courir trois fois par semaine (voire cinq s'il est *addict*), ne laisse jamais sa carte de club prendre la poussière et peste quand un souci de santé l'empêche d'aller prendre sa dose de sueur en intraveineuse. Il ou elle s'est fait des bons potes à L'Usine, court chaque mois de septembre à La Parisienne (course pour femmes contre le cancer du sein), est persuadé que l'iPod a été créé uniquement pour les sportifs, aime bien commencer sa journée par « une petite heure » de Pilates, de vélo ou de dos crawlé... Oui, ces personnes existent pour de vrai. Attention, vous pourriez devenir l'un des leurs.

Où faire du sport comme un vrai Parisien ?

Selon votre profil parmi ceux décryptés ci-dessus, bien sûr, vous saurez naturellement où vous diriger – au Paris First Tchoukball Club du XXe arrondissement si vous êtes un « Sportif pointu », ou au bistrot le plus proche si vous êtes un « Sportif dans sa tête ». Quoi qu'il en soit, en tant que guide du comportement parisien, nous préférons vous indiquer les lieux les plus recommandables pour faire du sport avec style. Vous vous y rendrez, bien sûr, dans des tenues impeccables – car attention, le mythe de la fringue pourrie « qui n'a aucune importance » pour aller faire du sport est, véritablement, un mythe. Du moins, dans notre ville préférée.

Sélection de lieux à fréquenter assidûment :

L'Usine

Cette (double) salle de sport est la star de la capitale. Chic et ultra-pro, elle regorge de people et de gens bien dans leur corps. On y croise des businessmen, des couturiers, des mannequins ou des stars du cinéma en jogging au milieu des quidams. Ses trois chevaux de bataille principaux sont simples, complémentaires et bien trouvés : les machines (d'une qualité irréprochable évidemment, avec la possibilité d'y glisser un DVD), le coaching (chérot, mais véritablement divin) et le yoga (avec différents cours ultra-spécialisés). Lancée par les anciens maîtres du Gymnase Club, la première Usine, située vers Opéra, a tellement cartonné que sa petite sœur vient d'ouvrir rue Quincampoix, dans un lieu aussi luxueusement cosy que la première. Bien entendu, le nombre d'adhérents est limité pour éviter l'affluence, on y bénéficie d'un excellent bilan de forme à l'arrivée et les vestiaires sont plus beaux qu'un spa trois étoiles. Et ce bonheur a, en toute logique, un sacré prix... Mais pour les vrais accros, c'est le pied assuré. Et l'occasion de courir ou de soulever des poids à côté de Lenny Kravitz, Julie Depardieu, Estelle Lefébure ou Marc Jacobs. Sympathique.

www.usineopera.com

Le Klay

Mon chouchou. Tout comme L'Usine, Le Klay est une merveille pour qui aime vraiment faire du sport (et, hélas, oscille à peu près dans les mêmes prix). Là aussi, machines incroyables, déco sublime (entre métal et bois), vestiaires nickels, sauna, hammam et impression délicieuse de faire partie d'un club de privilégiés, ravissent ses adhérents. Ce nouveau havre de sport, lancé récemment par les rois du Ken Club* (voir page suivante) Arthur et Frank-Elie, a cependant une particularité par rapport à L'Usine, qui risque de fort plaire aux Parisiens : un resto-bar où traîner avant ou après sa séance. Dans le DEPUR, ou Drôle d'Endroit

Pour Une Rencontre (oui, ils ont ouvert une antenne ici), on s'enfonce dans les fauteuils en cuir, on sirote un thé entre copines après sa séance, on dîne au champagne, on travaille sur son ordi en buvant un smoothie... Un lieu de vie cosy, lié au sport, à l'américaine. *Last but not least,* Le Klay organise aussi des événements : lancement d'une paire de baskets branchouilles ou dîner spécial, on peut tout à fait se retrouver à danser au son des DJ au milieu du bar, voire... dans la salle de muscu. Un concept à suivre pour les fêtards sportifs.

* *Sublimissime club de sport haut de gamme dont j'évite de parler ici parce qu'il est démentiel mais coûte ses 3 000 euros l'année, c'est un peu frustrant* (www.kenclub.com).

www.klay.fr

CMG Sports Club

Anciennement Club Med Gym, et encore anciennement Gymnase Club, il paraît tout vieux tout cheap comparé à ces merveilleux temples de la sueur en or massif. Moins beau, moins agréable à vivre, envahi par la foule, et, même, un peu crade (comme dans les vestiaires de République ou Palais-Royal, par exemple), cette institution peut cependant faire de vous un vrai Parisien. D'abord, bien sûr, parce que les locaux ne sont pas tous millionnaires, et que vous pouvez trouver « franchement déplacé de payer un bras pour aller à L'Usine alors que des gens crèvent de faim ». Ensuite, parce que le Club Med Gym est là depuis trente ans, et tient le haut du pavé du sport en salle de façon historique : un vrai Parisien aura donc toujours une certaine tendresse pour cette enseigne... Enfin, parce qu'il n'y a que là qu'on puisse faire 50 activités différentes dans 22 clubs répartis dans toute la ville, et que comme tout bon Parigot, vous êtes une vraie girouette changeant de sport tous les quinze jours (vous passionnant successivement pour la danse africaine, la boxe et le qi gong). Et puis, si vous voulez un peu plus de luxe, il y a toujours l'option Pure, à Bastille : ce n'est pas le Ken Club, mais au moins, c'est propre, joli et moins blindé.

www.cmgsportsclub.com

Tigre Yoga Club

Un petit nouveau, temple du yoga et du Pilates, cosy, chic et sexy : mon dernier coup de cœur. Avec des profs ultra-qualifiés et une ambiance NYC.

tigre-yoga.com

Centre de danse du Marais

Un monument. Depuis déjà quarante ans, le Centre de danse du Marais, logé dans un immeuble du XVIIe siècle, étend ses mythiques salles de cours autour d'une courette pavée. Ici, c'est *Fame* et le Bolchoï mixés, et des élèves de tous âges et toutes nationalités s'y croisent entre deux cours et une virée shopping chez American Apparel, juste à côté. Rock, danse classique (avec notamment Daniella Rajchman), danse contemporaine, claquettes, hip-hop (avec Mia Frye en personne), danse orientale, africaine, brésilienne, capoeira, salsa, tango, flamenco, qi gong, théâtre, chant… Dans ses multiples salles historiques, vous trouverez forcément votre bonheur. Le seul souci : c'est là aussi un peu chérot, et il y a souvent trop de monde aux cours. Mais on n'a rien sans rien.

www.parisdanse.com

Bois de Boulogne et Luxembourg

Vous voyez, pas forcément besoin d'être milliardaire pour être un Parisien sportif : tel le New-Yorkais arpentant son cher Central Park ou le Britannique foulant Hyde Park, le Parisien et la Parisienne ont eux aussi leurs espaces verts où gambader joyeusement. Bien sûr, souvent, ils choisissent leur lieu d'ébats selon l'endroit où ils habitent, et si vous vivez dans le XIVe, vous serez forcément tentés par Montsouris. Vous pouvez aussi la jouer originale et pratiquer La Coulée verte, cet étrange parcours qui traverse le XIIe arrondissement en hauteur. Mais sachez que la vraie classe, c'est quand même de courir au Bois (inutile de dire « Boulogne » derrière) ou au Luco. Parce qu'ils se trouvent dans des quartiers élégants, et sonnent mieux à l'oreille locale. Vincennes est également acceptable depuis que les bobos ont envahi la zone. Enfin, bien sûr, vous pouvez courir dans les rues de la ville, à vos risques et périls : entre voitures qui puent, vélos qui grillent les feux et chiens qui défèquent où bon leur semble, votre jogging sera plus une course d'obstacles qu'autre chose. Mais certains adorent : c'est tellement Paris… !

Être Parisien(ne) sur le Web

Attention, vivre « IRL » (dans le monde réel) au cœur de la plus belle ville du monde n'empêche pas d'avoir une vie virtuelle très riche – bien au contraire, même. Le Parisien a une existence propre sur Internet qui le vampirise bien plus que son cousin des champs. Intoxiqué au www, il vous faudra respecter quelques codes pour vous connecter comme un vrai natif.

Le World Wide Web et ses outils nous dévorent. Début 2011, on comptait 9 équipements numériques par foyer en France, soit deux fois plus qu'en 2006. Ordinateurs, télés, tablettes, smartphones, l'*Homo connectus* n'a pas exactement le sens de la mesure. Et évidemment, le Parisien, encore moins : concernant les téléphones, par exemple, l'Île-de-France détient tous les records avec une moyenne de 140 portables pour… 100 habitants. Tout est normal. Pour devenir un vrai local, il vous faudra donc vous ruiner pour bien vous équiper en *electronic devices*. Mais surtout, il vous faudra bien les utiliser. Voici comment.

Quels outils pour quels usages ?

Alors là, c'est très simple : pour l'équipement, il suffit de voir grand. Si vous en avez les moyens (ou que vous êtes un vrai *nerd* prêt à investir dans ce genre de matos), ne lésinez pas, faites-vous plaisir et achetez tout ce que vous voulez.

Quelques principes de base tout de même :

① **Le téléphone portable :** ne seront tolérés QUE les smartphones – iPhone ou Blackberry évidemment – les autres marques étant très performantes désormais, c'est vrai, mais tellement moins classe, on a presque envie de les en consoler. Il va de soi que vous aurez toujours le dernier en date. On range donc l'iPhone 3GS du Moyen Âge et le Blackberry Pearl pour toujours acquérir le dernier-né. Sauf si, extrêmement *fashion*, on en assume une version amochée, vintage mais ultra-précieuse à nos yeux, et qu'on le revendique comme tel : « L'iPhone 12 ? Laisse-moi rire. Je préfère le 3, son look est plus fin et sa batterie tient mieux. »

Ces arguments sont absolument ineptes mais peu importe, devant une telle assurance, personne n'osera vous contredire.

② **L'ordinateur portable :** je n'ai aucune action chez Apple (c'est dommage, il paraît que cette petite boîte marche plutôt bien). Mais là, désolée, je serai intraitable : les PC sont interdits. Sous peine d'extradition et de honte extrême sur trente générations. Non, vraiment, taisez-vous, vous me faites trop de peine.

③ **La tablette :** je vais vous surprendre, mais là, pour le coup, je ne vous imposerai certainement pas l'iPad, Asus, Samsung ou autre, dans ce domaine, la concurrence est riche et féconde, et le plus pointu des geeks parisiens variera selon les saisons et les améliorations. À suivre de près, donc. Même si, pour le moment, j'avoue, l'iPad mini a ma préférence.

④ **L'*e-reader* (« liseuse » en frenchy) :** la tablette pour lire des livres numériques. Vous n'êtes pas exactement dans la cible, et les *hipsters* préfèrent généralement porter aux nues le vieux livre classique qui sent bon le papier, mais justement – un Parisien branchouille avec un FnacBook en terrasse (ou Kindle, ou OYO, ou tout autre modèle, peu importe), ça détonne dans le paysage urbain. Et donne une image décalée, façon néoromantique, voire techno-intello. À tenter pour se singulariser avec classe.

Où/comment/quand : maîtrisez la *parisian connect-attitude* !

Les Parisiens ne sont pas vraiment réputés pour leurs bonnes manières. Sachez qu'en matière de comportement virtuel, c'est, hélas, encore pire. Règle numéro 1 dans notre glorieuse capitale : vous connecter pour lire vos mails, checker sur Foursquare et alimenter votre wall Facebook, tout le temps/n'importe où/avec n'importe qui. Oui, c'est impoli et énervant. C'est comme ça que c'est bon. Au resto en amoureux, dans un dîner avec des amis, au bureau en réunion, en cours à la fac, en entretien d'embauche, à l'autel le jour de votre mariage (ben oui, il faut bien vous updater « marié » sur Facebook)... Surtout, n'ayez aucune limite, et vous serez parfaitement parisien(ne) ! C'est une maladie moderne locale, vous vous en rendrez vite compte. Et c'est tout l'intérêt des smartphones, ces machines à tout faire online, et des tablettes, plus pratiques à transporter que les ordis, permettant donc de se comporter comme un infect goujat en toutes circonstances. Selon une étude du site GetElastic, un possesseur de smartphone sur deux utilise son joujou préféré au lit, et en compagnie d'amis ou de sa famille. Ambiance !

La douloureuse question du blog

Ah ! Le blog. Ça, c'est un sujet. Par définition, le blog n'est pas très parisien, puisque sa création est accessible à absolument tout le monde – pas besoin d'être « sur la liste » pour en faire un. De plus, au cours des années 2000, la blogosphère en a vu de toutes les couleurs, de toutes les générations, de toutes les origines, de tous les excès... de toutes les beauferies, aussi. Pour donner majoritairement d'horribles Skyblogs à l'orthographe douteuse, de tristes blogs de mode où des jeunes filles se prenaient en photo dans des tenues (et des poses) ridicules, de soporifiques journaux intimes au design vomitif, des albums photo de chatons, et des histoires lourdingues que même avec un flingue sur la tempe, vous ne les liriez pas. Bien sûr, certain(e)s ont su avoir LA bonne idée, ou LE talent, pour réussir des blogs fructueux. Mais ils furent rares. Je ne vous conseillerais donc pas d'ouvrir un *blog* pour faire parisien, mais plutôt un *site*. Oui, c'est différent. Un *site*, contrairement à un *blog*, n'est pas un journal intime, ni le fourre-tout de votre quotidien déplorable, et repose sur un concept intéressant. Qu'il concerne votre métier, votre hobby, un thème en particulier, que vous y postiez des illustrations, des textes ou des photos, faites gaffe à ce que tout soit impeccable, considérez-le comme un média officiel, et n'y écrivez jamais après avoir consommé de l'alcool. Et surtout, ne dites jamais que c'est un *blog*. C'est un *site*, nuance. Ah ! et tant qu'on parle vocabulaire, bannissez, s'il vous plaît, les mots « geekette », « surfer », « sur la toile », et « courriel ». Plus ringards tu te pends.

Sites indispensables

Maintenant que vous savez quand, où, comment, et avec quoi vous connecter, quelques tuyaux sur les URL à privilégier. Rien que du très basique.

❖ **Gmail :** la seule boîte mail recommandée actuellement. Bien sûr, vous pouvez tenter le 12e degré en conservant une adresse Hotmail *(rires)*, ou Orange *(re-rires)*, mais c'est vous embêter pour pas grand-chose. Gmail est, depuis déjà plusieurs années, l'outil mail le plus cool et le plus pratique du web. Vous utiliserez son *chat*, ses classements par dossiers, les options de ses « labos », mais aussi les autres services Google associés : l'agenda, les docs, le Reader pour suivre vos sites favoris, etc. Quant à votre comportement en matière de mails, c'est simple, c'est votre oxygène : vous les checkez tout le temps, vous répondez immédiatement, vous vous énervez si on ne vous répond pas dans la seconde (voire vous vous inquiétez pour la vie du destinataire), et si votre boîte n'affiche rien pendant 10 minutes, vous pensez qu'elle est en dérangement, et vous avez envie de mourir. La cyber-dépendance, c'est tendance.

- **Facebook :** est-il vraiment besoin de détailler ? Non, non et non, ce n'est pas « original » ou « anticonformiste » de refuser d'avoir un compte Facebook, c'est juste stupide : vous ratez plein de trucs pratiques, drôles ou intéressants. Et si vous voulez vraiment (ne pas) devenir parisien(ne), c'est tout simplement une condition *sine qua non* ! Si le concept égocentrique du réseau social bleu vous hérisse, rien ne vous empêche d'avoir un mur inactif et de n'utiliser l'outil que pour communiquer avec les gens, suivre des news, vous tenir au courant des événements, sans rien livrer de vous-même. Pas très local bien sûr (le Parisien aime raconter sa vie à tort et à travers, et être taggé sur moult photos trop cool), mais malin. Sur Facebook, vous gérerez tout : vos vies amoureuse, amicale, sociale, professionnelle et familiale. C'est votre assistant, votre bras droit, votre roc, votre pic, votre cap, que dis-je, c'est votre péninsule.

Faites juste gaffe aux paramètres de confidentialité qui changent tout le temps, protégez-vous au max, mais espionnez les autres sans vergogne.

❖ **Twitter :** personnellement, je ne l'utilise qu'en partie et pour le travail, mais si vous voulez être un(e) parfait(e) Parisien(ne), je crois hélas qu'il vous faut également raconter votre vie sur Twitter, essayer d'être « suivi » par un maximum de gens, et en suivre autant voire plus. Prévoir du temps pour ça. Beaucoup de temps.

❖ **Google+ :** alors là, non, c'est une blague, évitons cet ersatz de réseau social qui ne sert à rien. Du moins, c'est le cas à l'heure où nous bouclons cette réédition (début 2012) – peut-être que les choses changeront bientôt.

❖ **Les sites à suivre :** il est évidemment impossible de lister ici toutes les URL intéressantes qui enflamment le Web. Je me contenterai de vous recommander d'inscrire sur votre Netvibes ou Feedly plusieurs sites d'infos, quelques blogs de mode, illustrations, médias, publicité, cuisine (oui, le Parisien aime à exceller aux fourneaux, aussi), voyage, tendances de société... que vous aurez intelligemment glanés de-ci de-là selon vos goûts. Et, surtout, des sites d'infos high-tech qui vous permettront de tout savoir sur la vie numérique et ses outils en toutes circonstances, avant tout le monde : les derniers changements de paramètres de confidentialité sur Facebook, la dernière tablette qui défonce, les rumeurs sur le prochain iPhone... rien de tout ceci, en tant que Parisien über-connecté, ne doit vous échapper. Allez, bon voyage !

L'interview parisienne

Thomas Lélu

Auteur du roman controversé *Le Parisien*, l'artiste aux lunettes fumées était un personnage obligé de ce livre. Breton né dans le Nord, le plasticien a lancé des projets étonnants (Manuel de la photo ratée, Récréations), travaillé dans la presse mode (*Citizen K*, *Playboy*), écrit plusieurs romans (*Je m'appelle Jeanne Mass*) et hante régulièrement la ville.

Thomas, es-tu parisien ?

Pas d'origine, non. Conçu dans une communauté néo-hippie du Nord de la France, j'ai grandi entre Rennes et Carnac, et débarqué à Paris à 18 ans pour faire les Arts déco. Je suis heureux partout, et ne me sens appartenir à aucun lieu en particulier. Mais en voyant ma vie, oui, on pourrait me qualifier de très parisien... Il y a quelques années, suite à mon projet *Récréations*, j'ai été propulsé dans la brancherie la plus totale. Donc un milieu très parisien.

Qu'aimes-tu à Paris ?

J'aime Paris comme j'aime Londres, Rennes ou Bruxelles. Tant que je m'amuse avec un crayon et une feuille, j'aime l'endroit.

Je dirais qu'à Paris, j'aime surtout la richesse culturelle. Artistiquement, cinéphilement.

J'aime aussi le décor, bien sûr. C'est quand même une ville magnifique, magique. Moi qui suis un grand marcheur, je peux ici passer des heures à déambuler, traverser des quartiers incroyables, m'arrêter dans le premier café venu, boire un godet au comptoir... L'île Saint-Louis, les quais : je ne m'en lasserai jamais. J'aime les femmes, aussi : la concentration de filles sublimes à Paris est quand même incroyable. J'aime les parcs. Le Luxembourg, je le trouve beau, désuet, chic et un peu triste aussi. L'hiver, tu t'arrêtes près d'un bassin gelé, dans la neige, tu regardes tes pieds… c'est gai ! *(Rires.)* Dans le même genre, j'aime beaucoup les cimetières. Ça remet les pendules à l'heure. Ah, et bien sûr, les catacombes !

Que n'aimes-tu pas à Paris ?

Un truc gênant dans cette ville, c'est son côté réseau minuscule, quasi incestueux. Tous les Parisiens sont plus ou moins liés, et il est difficile de rencontrer la femme de ta vie si coucher avec l'ex de ton meilleur ami te pose problème… Cette consanguinité crée des êtres tordus dans l'esprit et la forme – c'est peut-être pour ça que nous sommes tous bizarres… ? Nous fréquentons les mêmes endroits, couchons tous les uns avec les autres, sommes tous plus ou moins amoureux les uns des autres… Le maillage est serré, la ville toute petite. En fait, ça ressemble à Facebook. C'est pratique, mais fatigant à la longue.

Un autre problème très parisien, c'est l'angoisse due à l'abondance. Ici, tout est superficiel, il y a une rapidité dans tout, qui fait qu'on s'ennuie au bout de cinq minutes, et qu'on sait très bien qu'on peut avoir tout ce qu'on veut. Cela provoque des angoisses terribles, morbides, face à l'éphémérité des choses. Et puis, cette ville est tellement riche que l'on passe sa vie à sortir de chez soi, on est sans cesse tiraillé par l'extérieur. Or, un bon équilibre passe par un monde à soi, à l'intérieur. Un danger très parisien, c'est de se perdre, de trop se morceler.

Au fond, c'est quoi un Parisien ?

Il faut distinguer les Parisiens légers des Parisiens lourds. Les premiers, face à la folie de cette ville et de ses habitants, s'en foutent. Ils préfèrent se dire que rien n'est grave, ironisent, et ne se prennent justement jamais au sérieux. Alors que les Parisiens lourds, eux, sont persuadés de leur importance ! Ils sont persuadés qu'ils ont un vrai rôle à jouer dans la société, qu'ils sont au-dessus de la masse, et finissent généralement seuls au monde, gros et laids. Quant aux provinciaux, ils sont plus heureux, et se fichent royalement des Parisiens. Surtout des lourds.

Et une Parisienne ?

Ah, la Parisienne… ! C'est une fille jolie, une fille qui en veut, qui veut soit être actrice, soit rencontrer quelqu'un de riche qui va s'occuper d'elle. Généralement, elle finit seule et alcoolique avec ses chats. Mais attention, ça fuse, et ça fume sous le chapeau : il y a pas mal de Parisiennes intelligentes, qui savent très bien ce qu'elles veulent, et se lassent très vite de ce qu'elles obtiennent, puisqu'elles veulent toujours plus. Elles aiment le pouvoir, ambitionnent des postes clés dans le cinéma, la télé, le journalisme. Bouffeuses de mecs, elles ont pourtant une libido assez classique, voire ennuyeuse, une sexualité bourgeoise. Mais même là, tout est dirigé vers leur carrière. Elles me font penser à une phrase de Nietzsche : « Celui qui ne m'apporte rien, je lui dis adieu »… !

Bon, je te dis tout ça, mais je suis avec une vraie Parisienne depuis des années. Elle me rend fou, mais je l'adore.

Leçon 6

LES VACANCES DU PARFAIT PARISIEN

« Dieu a inventé le Parisien pour que les étrangers ne puissent rien comprendre aux Français. »

Alexandre Dumas fils

Parfois, le Parisien et la Parisienne quittent leur ville chérie. Oh, ça ne dure jamais longtemps : un week-end, quelques semaines… Et lorsqu'ils s'exportent, nos amis du 75 restent totalement eux-mêmes, au grand dam des Corses, des Thaïlandais ou des Turcs. Partons en voyage.

Être Parisien(ne) à l'étranger

Que ce soit en France (dite « province »), à l'étranger ou en voyage d'affaires, le Parisien hors de sa contrée développe une réaction étrange, certainement de défense, qui le pousse naturellement à exacerber ses caractères naturels afin de mieux marquer son territoire nouveau. Autrement dit, loin de chez lui, il est encore pire. Vous partez en vacances ? Épatez donc vos amis en jouant au Parisien exilé !

- **Règle n° 1 : une adorable fatuité**

Pour devenir un(e) parfait(e) Parisien(ne) à l'étranger, vous devez maîtriser quelques réflexes essentiels. Dont la fatuité est la colonne vertébrale.

D'abord, si l'on vous demande d'où vous venez, ne répondez surtout pas « de France » – ce serait vulgaire et hors de propos. Répondez naturellement : « De Paris » (un pays en soi, pour vous).

Ensuite, lorsque votre interlocuteur s'extasiera sur votre ville (le pauvret, lui qui n'a pas eu la chance d'y naître et qui est obligé de vivre à New York/Londres/une île sublime de l'océan Pacifique), rengorgez-vous avec l'humilité d'une Paris Hilton sur le tapis rouge et acquiescez à tout ce qu'il dit concernant la capitale française. Même si c'est faux. Tant que c'est glorieux et enviable. Car hélas, il se trouve que si le Parisien est insupportable, force est de reconnaître que certains l'encouragent ! À l'étranger, nombreux sont les inconscients qui lui parlent de sa cité avec admiration, affection, envie et bave au coin des lèvres. Un peu comme un bel homme à qui toutes les femmes ont répété qu'il était sublime, le Parisien enregistre ces compliments constants et n'en devient que plus fier de son identité.

Ainsi, pour être un(e) parfait(e) Parisien(ne) à l'étranger, je vous le répète encore : vous êtes amoureux de votre ville, c'est la meilleure du monde. Elle est la pierre angulaire de la planète Terre, son centre, son cœur qui bat, sa perle andalouse. Quiconque prétend le contraire mérite la pendaison par la langue.

- **Règle n° 2 : une chaleureuse critique**

Le Parisien est très heureux de partir en vacances ! À l'étranger. Dans ces merveilleuses contrées. Ces magnifiques pays. Mais… Mais, mais, mais. Il n'est jamais vraiment satisfait, et n'hésite pas à l'exprimer avec cette chaleureuse franchise qui lui est coutumière. Voici comment.

Si vous faites du tourisme, n'hésitez pas à comparer les merveilles que vous voyez aux richesses de votre cité adorée. En dénigrant subtilement, bien entendu. Le Taj Mahal est joli, mais moins beau que Versailles, il faut bien le dire. Les boutiques londoniennes sont ultra-cool, mais ça ne vaut pas le haut Marais, soit dit entre nous. Le Metropolitan Museum, le Prado ou les musées italiens vous bouleversent, mais tout de même, moins que le Louvre. Et la bouffe, c'est amusant un temps, mais pardon, le pad thaï comparé aux merveilles de votre mère, laissez-moi rigoler. Vous avez saisi le système. Attention ! Tout ceci doit bien sûr rester courtois, aimable et débordant d'une gentille curiosité face aux maigres richesses culturelles locales. Après tout, on n'est pas des chiens (malgré cet agaçant couplet de l'enfance martelant « Parisien, tête de chien », que vous n'avez d'ailleurs jamais compris).

Autre détail du Parisien en vacances (peut-être même du Français en général, mais ne mélangeons pas les serviettes avec les torchons), n'hésitez pas à souvent user de la phrase : « Avec le prix qu'on paie, ils pourraient tout de même… » C'est très stylé, et peut être utilisé à peu près à toutes les sauces : « Avec le prix qu'on paie, ils pourraient tout de même… servir des trucs corrects à manger/faire la chambre trois fois par jour/avoir des trains à l'heure. » La science n'a pas encore su expliquer pourquoi, mais le Parisien aime à employer cette joyeuse formulation lors de ses déplacements. Placez-la donc adroitement à quelques reprises afin de bien affirmer votre appartenance à la Ville lumière.

Enfin, détail qui a son importance, râlez dans l'avion du retour sur le temps pourri qui vous attend à Paris, le travail, les embouteillages, la pollution, MAIS soupirez d'aise à l'idée de retrouver votre *home, sweet home* ! Parce qu'il n'y a que là qu'on sache vraiment vivre, en somme…

Bonnes vacances !

Être Parisien(ne) en province

Ah, la « province »… Étrange contrée, zone exotique, pays de tous les possibles pour le Parisien pur jus. Il l'aime et elle l'agace, il y va enthousiaste et en revient tout affolé. Et, surtout, il s'y comporte comme un prince, doublé d'un sagouin. Pour devenir un véritable Parigot, apprenez les bons réflexes à adopter lorsque vous aurez l'audace de vous balader en France ! De quoi vous assurer des heures de franche rigolade avec les « provinciaux ».

Pour commencer, un chiffre ou deux, et surtout un merveilleux paradoxe : la « province » représenterait 82 % de la population française et plus de 95 % du territoire. Pourtant, les Parisiens persistent à la considérer comme une minorité dans leur glorieuse nation. Étonnant, non ? Et pourtant diablement avéré. En un sens, cela fait penser aux rapports des États-Unis avec le reste du monde : ils sont à peu près au courant que d'autres pays existent, mais ne sauraient ni les placer sur une carte, ni considérer qu'ils ont une quelconque importance par rapport à eux. Le parisianisme est un fléau qui ne date pas d'hier. On pense bien sûr aux « Scènes de la vie... » de Balzac, mais aussi à l'abbé Grégoire, qui écrivait en 1808 dans ses *Mémoires* : « Les Parisiens, en général, ne voient que leur cité ; on dirait qu'à peine se doutent-ils que la France ait d'autres villes, ou du moins qu'à leurs yeux ce sont des points imperceptibles : ils ont l'ineptie de prétendre, et la généralité des Français a l'ineptie de croire qu'à Paris seul on trouve de grands talents. »

Attention cependant : officiellement, le Parisien « adore » la province. Certaines régions vivent avec émotion dans son cœur. Par héritage familial, habitude vacancière ou coup de foudre de week-end. Simplement, il préférerait s'arracher les doigts de pied avec une tenaille rouillée plutôt que d'y vivre (même si parfois, il prétend le contraire).

Pour parfaitement ressembler à la faune parisienne lorsqu'elle quitte son habitat naturel, il vous suffit de respecter quelques règles capitales et plutôt amusantes. Voici lesquelles.

- **Règle n° 1 : être bipolaire**

N'ayons pas peur de le dire : les Parisiens en province ont souvent l'air maniaco-dépressifs. En effet, on peut les voir passer régulièrement dans la journée d'une excitation excessive (tout est génial, on est trop heureux, vive les vacances) à la dépression la plus profonde (ce trou à rats est un caveau vivant, le silence m'angoisse, l'air pur me donne mal à la tête). Évitez donc soigneusement d'être d'une humeur égale lorsque vous arpenterez les routes de France, c'est important pour votre réputation.

- **Règle n° 2 : vous extasier toutes les trois minutes**

Collant en toute logique à ce trouble bipolaire, les réactions des Parisiens en vacances suivent une courbe aléatoire passant du pire au meilleur. Dans les moments « maniaques », et donc enthousiastes, vous devrez vous extasier avec hystérie sur les particularités locales qui vous plaisent : un plat typique servi dans un restaurant pourra vous entraîner à vous rouler par terre de béatitude, un monument historique vous rendra psychopathe d'admiration, et un joli paysage vous transformera *illico* en poète romantique (pour vous inspirer, potassez la scène des *Bronzés* où Christian Clavier cite Saint-John Perse en string).

- **Règle n° 3 : vous effarer toutes les trois minutes**

Bipolarité toujours, n'hésitez pas à passer de ces sommets de joie à des abîmes de douleur. Qui, nous l'avons vu, peuvent se manifester par de profonds accès de mélancolie face à la fadeur de la vie péquenaude, mais pas que ! Le côté dépressif des Parisiens en province se manifeste également par des agacements frénétiques : le look des locaux leur provoque des nausées préoccupantes (voire, pour la Parisienne, un risque d'évanouissement), une boutique fermée entre midi et deux les scie d'aberration (et entraîne des réflexions délicates sur « ces feignants de provinciaux, encore plus tire-au-flanc que les fonctionnaires »), la lenteur d'un serveur leur donne des envies de meurtre, etc. Bref, soyez odieusement effarés, c'est bon pour votre image.

- **Règle n° 4 : rester ultra-parisien…**

Malgré de mignonnes tentatives d'intégration que nous allons bientôt détailler, le Parisien reste toujours imperturbablement lui-même, quelle que soit la région où il se trouve. Généralement, on le repère à sa façon de conduire (c'est-à-dire n'importe comment, comme expliqué dans le chapitre 3). Ou à cette habitude qu'il a de parler très fort, avec un accent insupportable. Ou, encore, à son look – une Parisienne en Auvergne est facile à repérer, c'est la femme qui ressemble à une couverture de *ELLE* quand elle va faire son marché, et s'affole discrètement à l'idée de se salir les ongles quand elle va « cueillir des champignons en forêt ». Arrogant, speed, tiré à quatre épingles, le Parisien a beau faire, le provincial le repère.

- **Règle n° 5 : … tout en vous prenant pour un local**

C'est là l'aspect le plus essentiel et le plus savoureux du Parisien hors de son territoire. S'il ne devait y avoir qu'une règle à retenir, ce serait celle-ci. Paradoxe : pour ressembler à un parfait Parisien en province, il vous faudra tenter de… ressembler aux provinciaux. Illogique ? Pas du tout : lorsqu'il tente une incursion en dehors de l'Île-de-France, notre ami de la capitale essaie à toute force de s'intégrer à la culture locale. Potassant assidûment son *Guide du routard* et son *Petit Futé* (éditions qu'il considère bien ploucs par rapport à Hachette, mais bon, pour aller chez les ploucs, autant lire plouc), il connaît sur le bout des doigts les spécialités locales (« Tu veux que je t'explique comment se fabrique le saucisson de sanglier corse ? »), tente maladroitement de placer quelques mots en patois (« kenavo », « peuchère », « pa ni pwoblèm »…), arbore fièrement un accessoire « typique » de la région (marinière en Bretagne, sabots à la campagne) et explique gentiment au vieux maraîcher comment sa femme devrait cuisiner ses blettes. Dans ces moments-là, le Parisien est tellement touchant que les locaux ne le détestent même plus : certes, son côté « je-sais-tout » – alors qu'il ne sait rien – est agaçant, mais son ridicule est une source inépuisable de rigolade pour eux. Attention : généralement, le Parisien est très fort à ce jeu lorsqu'il y passe ses vacances depuis sa plus tendre enfance. C'est le mode : « Parfaitement, je suis corse, puisque ma grand-mère y a vécu et que j'aime le bruccio. » Ou mieux : « Je suis antillais de cœur depuis mon séjour au Club Med en 2003. D'ailleurs, les pêcheurs guadeloupéens me considèrent comme l'un des leurs. » *Rires*.

Et en un sens, c'est peut-être ici que provinciaux et Parisiens peuvent faire la paix en rigolant ensemble. Sincèrement, quand un gentil trader vivant dans le XVIe explique comment planter un figuier, puis réclame des fraises en février, n'est-il pas hilarant ? Lorsqu'il tente de placer les mots « drague », « bolinche » ou « palangre » avec un air viril au zinc du Rendez-vous des Pêcheurs, n'est-il pas impayable ? Avouez-le, ô vous habitants de « province » non rancuniers : au fond, même si les Parisiens vous insupportent, ils vous font quand même bien marrer avec leurs grands airs, leurs pulls pastel délicatement noués sur les épaules et leur conviction de tout savoir mieux que tout le monde. De même que vous les faites bien rire quand vous montez à la capitale avec vos préjugés et votre gros accent. Avec un peu d'humour, nous sommes tous faits pour nous entendre.

Être Parisien(ne) et partir en week-end

Bien que fou amoureux de sa ville, le Parisien adore s'en échapper de temps à autre pour pratiquer cette douce habitude qu'est le week-ending. Destinations, partenaires et contextes : découvrez tous les secrets du capitaleux de la fin de semaine.

Comme nous l'avons vu en étudiant leurs dimanches, les Parisien(ne)s trouvent toujours moult activités improbables à pratiquer lors de leurs fins de semaine « *in town* ». Cependant, de temps en temps, l'un de leurs sports favoris est le « Week-end Ailleurs »... Un sport que ne pratiquent que rarement les provinciaux, à en croire les opérateurs voyage : vous noterez que les promos week-end ne proposent que Paris comme ville de départ (si vous habitez Reims ou Brive-la-Gaillarde, vous n'avez donc pas le droit de vous barrer en fin de semaine, un point c'est tout). L'habitant de la plus belle ville du monde serait-il infidèle à sa chère bourgade ? Aurait-il oublié que le samedi et le dimanche, il est souvent censé travailler et fréquenter son réseau ? Ou, pire, chercherait-il le repos dans sa vie turbo-stressante ? Vous-même, que faire et où partir si vous souhaitez (ou pas) ressembler aux Parisiens typiques ?

Pourquoi le Parisien adore partir en week-end

Vous le savez bien, dans sa vie de fou dangereux, le Parisien ne connaît pas le repos. Entre boulot et métro, apéro et resto, clubbing et shopping, cet être surgi de nulle part ne se pose jamais plus d'une minute sans subir une crise d'angoisse carabinée. Pourquoi, alors, entend-on si souvent les mots : « Ah non, samedi je peux pas, je serai pas à Paris », ou encore : « Le week-end du 12 ? Désolée, je serai à Courchevel »... ? Parce qu'envers et contre tous, l'habitant du 75 se doit de se barrer régulièrement ailleurs le week-end afin de « s'aérer ». Il est obligé, malgré sa passion dévorante envers sa chère cité, de faire croire qu'il en a « marre de cette ville de fous », qu'il a besoin de « prendre l'air », voire même, s'il n'a pas peur du ridicule, de se « reconnecter avec la nature » (rires). Cet être pétri de contradictions aime aussi partir en week-end parce que forcément, se taper un trajet aller-retour en deux jours (avec retard à l'aéroport ou embouteillages), pour en profiter un maximum sur place, demande de l'organisation, de l'énergie, de la schizophrénie et une sacrée dose de stress – autrement dit, tout ce qui le maintient en vie. Le week-ending entretient donc les douces névroses de notre ami local, et ça, c'est drôlement bon.

Avec qui le Parisien part-il en week-end ?

Ça dépend. Mais globalement, il existe quatre cas de figure incontournables pour ces fins de semaine bucoliques ou extra-urbaines.

1. Le week-end « love »

Le préféré des Parisien(ne)s. Souvent sur un coup de tête. Nouvel amour, début d'un couple ou anniversaire de mariage, les amoureux parigots ADORENT se barrer toutes les cinq minutes en week-end pour forniquer dans des lieux exotiques, s'enivrer de vins étrangers et se perdre dans des rues inconnues. Restos aux chandelles, marathons de l'amour en chambre d'hôtel (voire sexe sauvage en forêt), visite d'expo hypissime (qui arrivera bientôt à Paris, mais c'est tellement plus classe de la voir à la Tate Modern), ils aiment hanter Deauville, Honfleur, Marrakech, Rome et Londres avec acharnement et élégance. Essentiel à votre vie amoureuse.

2. Le week-end « potes »

Partir en bande. Plus rarement sur un coup de tête et généralement sur des dates classiques (genre les ponts de mai ou le 15 août). Camping quand on est jeunes, hôtels ou résidences secondaires quand on est adultes, voire riads quand on est vieux, le week-end entre copains est un bonheur à savourer de temps en temps (bien que moins fréquemment qu'en couple). Avec ou sans moitiés, avec ou sans enfants, les Parisiens aiment partir à la campagne ou à la mer ensemble, essentiellement pour boire et manger. Moins d'expos et de restos qu'entre amoureux, plus de barbecues, cuites nucléaires et balades en forêt pour digérer. Option ski l'hiver et surf l'été. Sans oublier, bien sûr, les enterrements de vie de garçon.

3. Le week-end « famille »

Partir avec sa tribu, ou belle-tribu. Généralement à Noël ou à Pâques, plutôt pour les Parisiens pourvus d'enfants (les nullipares ayant l'habitude d'esquiver habilement ce genre de rendez-vous sous prétexte de boulot débordant). On y mange beaucoup, on y boit aussi, on se dispute et on s'aime. Très français. Très sympa. Très fatigant.

4. Le week-end « artiste »

Partir seul, pour « travailler sur son projet ». Comme tout bon Parisien, vous composez de la musique ou écrivez un scénario ? (Variantes : un roman, des chansons, de la peinture…) Alors n'hésitez pas à partir seul dans la maison de famille ou à l'hôtel, dans un bled maritime un peu paumé, afin de bosser tranquillement tel un poète solitaire. C'est très efficace, et surtout très classy. Informez-en bien tout le monde, surtout, sinon ça ne sert à rien de le faire.

Où pratiquer le week-end à la parisienne ?

À force de fréquenter les locaux, vous saurez vite où et quand partir pour leur ressembler. En attendant, voici les principes de base pour vous lancer.

Toujours tendance : les autres capitales

Évidemment. Quand on vénère Paris, les seules autres villes qui supportent éventuellement sa comparaison sont les autres capitales branchées du monde. Si, en plus, elles ne sont pas trop lointaines, elles font alors de parfaites destinations de fin de semaine où s'amuser un peu, et surtout blinder son agenda à fond (= en deux jours : 4 restos, 7 bars, 8 balades et 19 expos).

Lieux types : Londres (en Eurostar, l'avion étant devenu ultra-has been pour cette destination), Berlin (hypissime), Bruxelles (pour certaines expos, les meubles vintage et la vieille ville), Amsterdam (*coffee shops* et vie culturelle intense), Madrid (ou Barcelone, capitale de la Catalogne, de la teuf et des musées), Rome, Budapest… Et, même si ce n'est pas une capitale au sens officiel du terme, Marrakech, où il est de bon ton d'avoir un ami qui possède un riad. Enfin, pour occasion exceptionnelle, bien sûr, New York.

Timing recommandé : ça dépend de votre budget. Mais une fois par mois, c'est le top.

À noter : si vous voulez être au sommet du trendy, il serait également de bon ton d'aller passer trois jours dans une capitale peu commune et quasiment hypothétique, à placer sans ménagement dans une conversation qui n'a rien à voir. Vous pouvez démarrer soft avec un léger : « Le week-end du 17 ? Ah non, désolé, je serai à Varsovie. » Puis monter la sauce avec carrément : « Tiens, c'est marrant que tu parles de vodka, justement, le week-end prochain, je pars à Minsk » (ou Ljubljana, ça marche aussi).

Joliment tradi' : la maison de campagne

Quand vous étiez petit, être obligé de passer le week-end avec vos parents à la campagne (pendant que vos potes s'éclataient au McDo, au ciné et aux Planches) vous remplissait d'indignation et de honte. Aujourd'hui, vous adorez. Avoir une maison « de famille » au bord de la mer ou à la campagne, c'est très beau et ça vous pose son Parisien mieux qu'un café crème en terrasse. Vous aimez parler de son calme, de son jardin, de sa cheminée, de sa vieille bibliothèque et de la petite place du village tout proche où vous vous rendez à vélo pour acheter le pain et les huîtres (n'évitez aucun cliché). Vous y avez tellement de souvenirs… Soupir mélancolique.

Lieux types : la Normandie (Trouville en tête – bien mieux que Deauville –, mais aussi Étretat, Cabourg – où vous passez le 31 décembre avec Le Baron –, Honfleur, Houlgate), la côte atlantique (île d'Yeu,

Saint-Gilles, île de Ré, La Baule, Quiberon, Carnac), la France profonde (un peu partout où il y a plus d'animaux que d'êtres humains et où le wifi a du mal à pénétrer, avec le Jura, la Creuse et la Corrèze sur les trois premières marches du podium).

Timing recommandé : une fois tous les deux mois environ. Souvent l'été, mais aussi le 11 novembre, le 31 décembre (pour fuir Paris, insupportable le soir du réveillon) et les week-ends de mai bien sûr. Ou, pour être dingo, une date totalement hors de propos et inattendue (exemple : « Je passe toujours le dernier week-end de février à Houlgate, c'est une tradition pour moi. »).

[L'interview parisienne

Pauline Lefèvre]

Animatrice télé pas comme les autres, Pauline Lefèvre s'est fait connaître comme miss météo du soir sur CANAL +. Parce qu'être jolie n'empêche pas d'avoir de l'humour, ses sketchs détendaient *Le Grand Journal*, et la demoiselle a fait ses débuts sur les planches dans la pièce *Les Fils de...* au Point-Virgule. Pour l'interview, elle m'a invitée chez elle et a cuisiné des crêpes. Confidences au sirop d'érable d'une actrice que l'on aime.

Pauline, es-tu parisienne ?

Pas du tout : je viens de Troyes ! Je suis « montée à la capitale » à 17 ans pour faire mes études. Mon premier contact avec la ville était assez impressionnant puisque je vivais dans le VIIe et étudiais sur les Champs. Plus tard, je suis passée dans le Xe, où j'ai adoré la vie de quartier et les petits bistrots du canal Saint-Martin. Aujourd'hui, je suis dans le XVIIIe. Mais même si c'est ma ville désormais, parfois, je nourris un certain complexe de la provinciale. *(Rires.)* Quand tu n'as pas grandi ici, rien à faire, tu n'as pas les clés de la ville. Mais de toute façon, je crois qu'on ne maîtrise jamais totalement Paris : elle est tellement vaste, infinie, qu'elle nous échappe toujours un peu... On ne peut pas vivre sans elle, mais elle peut parfaitement vivre sans nous, c'est rageant !

Aimes-tu Paris ?

Bien sûr, j'adore Paris. Ce que j'aime ici, c'est qu'il y a de la place pour tout et tout le monde. J'ai habité différents quartiers, exercé différents métiers, rencontré plein de gens de mondes opposés... Cette ville est un vrai petit cinéma ! Pour l'instant, je ne me verrais pas du tout vivre ailleurs. Et puis, Paris est tellement multiple et diversifiée qu'on y trouve toujours son compte, quel que soit le moment de notre vie, notre humeur, etc. C'est comme un chanteur qu'on adore et qui a fait plein de disques, cette ville aura toujours une chanson qui nous correspond.

Il y a des choses que tu n'aimes pas ici ?

C'est speed, quand même... Parfois, au début, on me disait : « Tu marches lentement » ! Les Parisiens sont comme dans un jeu vidéo permanent, où il faut courir, sauter des obstacles, attraper le métro avant que les portes ne ferment, éviter les pièges... ! Et ça manque un peu de courtoisie, de gentillesse. Et c'est tellement riche et grand que je suis toujours un peu frustrée à l'idée de ce que je peux rater.

Et les Parisiens ?

Je les aime bien. Ils ont une nonchalance, une espèce d'assurance en plus. Bon, ils sont un peu rigides sur le look, pas très fun (par rapport aux Anglais par exemple), mais c'est leur chic. Et puis c'est aussi à chacun de ne pas se laisser écraser par ça et de s'assumer avec son look et sa personnalité quoiqu'il arrive.

Le fait d'être un peu connue, ça change quoi ?

Je ne suis pas une grande star, mais j'avoue, je peux rentrer plus facilement au Baron maintenant ! *(Rires.)* Plus sérieusement, être un visage de CANAL + m'aide peut-être aussi à exister dans cette ville, à me sentir de la bande. Et puis ça fait dix ans que je suis là maintenant, Paris, c'est chez moi !

LEÇON 7

LA PANOPLIE DU PARFAIT PARISIEN

> ***« Je marche dans tes rues***
> ***Qui me marchent sur les pieds***
> ***Je bois dans tes cafés***
> ***Je traîne dans tes métros***
> ***Tes trottoirs m'aiment un peu trop***
> ***Je rêve dans tes bistrots. »***
>
> ***Marc Lavoine,* « Paris »**

Cher apprenti Parisien, vous voici arrivé au terme de votre apprentissage. Look, langage, sorties, habitudes, attitudes, vous avez tout découvert de l'étrange vie locale, et êtes désormais prêt pour affronter en personne la capitale de vos rêves (ou cauchemars). Néanmoins, il vous reste un dernier chapitre à aborder pour être au top de votre formation. Découvrez le kit magique du Parisien, autrement dit la panoplie idéale qui fera de vous un Parigot 100 % authentique dans les moindres détails.

La tasse de café

Bien entendu. Comme nous l'avons vu plus haut, vous passez votre vie dans les bars, les bistrots, les réunions de boulot, les restaurants, votre cuisine américaine, le salon de vos amis, votre bureau, votre lit, et toujours, toujours, vous avez une tasse de café à portée de main. Souvent, c'est un mug, parfois, une petite tasse à expresso (suite au raz de marée Clooney). Parfois, vous la jouez duchesse et préférez le thé. Mais en tant que vrai Parisien, thé ou café, Nespresso ou Bialetti, peu importe : vous avez cette tasse à la main et ça vous rend plus fort.

Le détail qui compte : buvez au bar, directement sur le zinc, dans un vieux bistrot à banquette moleskine et serveur pingouin un peu sale. Voilà, là, vous êtes beau, et sublimement parisien.

L'iPhone

À Paris, n'essayez même pas de posséder un téléphone portable normal. Seul le smartphone est autorisé (soit un téléphone mobile couplé à un PDA, avec agenda, navigation web, consultation de mails, photos, films, GPS, milliers d'applications, etc.). Vous devez, du coup, choisir votre camp dans une guerre qui fait rage : BlackBerry contre iPhone. Les premiers sont surtout représentés par ceux qui travaillent énormément par mails, dans des professions commerciales par exemple, ou qui vivent dans le XVIe. L'iPhone, lui, est plutôt l'ami des bobos, des professions créatives et des fanatiques d'Apple. Certains se paient le luxe d'avoir les deux, mais ce sont des vendus : on ne peut avoir qu'une seule religion. Choisissez.

Le détail qui compte : chatter comme un fanatique par « BB » (les messageries automatiques du BlackBerry) ou « WhatsApp » (l'équivalent sur iPhone).

La carte Vélib' et le passe Navigo

Pour ceux qui ne roulent ni en voiture, ni à scooter, il faut savoir jongler entre RATP et Vélib'. Nous avons vu dans les chapitres précédents comment les dompter, mais il me faut vous préciser un détail : vous n'utiliserez, en tant que bon Parisien, jamais de tickets à l'unité ni d'abonnements Vélib' au mois. Vous aurez pour les deux des abonnements à l'année. Non seulement c'est plus élégant, mais en plus, c'est moins cher – pour une fois !

Le détail qui compte : que ces cartes ne quittent jamais votre portefeuille, même en voyage à l'autre bout du monde. Elles ne serviront strictement à rien à Bangkok, mais vous les caresserez de temps de temps de l'œil avec nostalgie.

La CB

Ah oui. Forcément. Elle est indispensable, celle-là. J'ai connu des gens qui n'en avaient pas (par rébellion), et qui ont finalement dû en prendre une pour pouvoir faire des achats sur Internet, ce qui, comme chacun sait, est une habitude indispensable au Parisien. L'American Express, si vous pouvez vous la permettre, est encore mieux vue.

Le détail qui compte : avoir une Amex Air France pour gagner des miles à chaque achat, et ainsi partir en week-end grâce à sa frénésie de consommation.

Le briquet inconnu

Vous fumez ? Alors vous connaissez la ronde des briquets : vous vous faites taxer le vôtre, vous en empruntez d'autres, vous retrouvez (au lendemain de soirées arrosées) des briquets étrangers dans vos poches, etc. Du coup, les Parisiens n'achètent pas souvent de briquets, ils les font tourner dans une joyeuse et généreuse farandole. Il m'est arrivé, avec des briquets très originaux et donc facilement identifiables, de les voir s'échapper de ma vie puis revenir des mois plus tard dans mon sac après être passés dans 142 mains différentes. Très Woodstock. Si vous ne fumez pas, veillez à en avoir quand même un : pour donner du feu à qui en demande (et de là, contact), pour le brandir en concert (refusons la mode galopante des téléphones portables balancés à bout de bras en guise de briquets !) ou encore pour allumer des bougies chez vous ou au restaurant.

Le détail qui compte : le Zippo, totalement has been depuis des années, et donc ultra-pointu, un peu comme la doudoune Chevignon revenue en *hype* pour l'hiver 2009. Les deux vont très bien ensemble, d'ailleurs.

La carte de visite

Nous l'avons vu, la carte de visite est bien évidemment l'une de vos principales armes parisiennes. Vous la dégainez en toute occasion, et devez donc en posséder en permanence un sacré stock sur vous. Un joli porte-cartes de visite est recommandé, mais pas indispensable. Pour la carte, inutile de préciser que vous éviterez les couleurs, les dessins humoristiques ou l'originalité. Sobriété, élégance, logo de votre boîte, typo racée seront vos guides.

Le détail qui compte : mettre un petit mot personnalisé au dos de la carte à chaque fois que vous en donnez une, rappelant à votre interlocuteur qui vous êtes, où vous vous êtes croisés, pourquoi vous avez accroché... Exemples : « Vodka violette » (si c'est ce que l'homme rencontré en boîte vous a offert comme verre), « *Cloud computing* » (si vous avez discuté de ce concept avec un futur client), etc. Très rock'n roll, très diva, très « je donne des autographes, garde cette carte, elle sera bientôt collector ». Très parisien, en somme.

L'amende

Eh oui, cher (chère) Parisien(ne)... Comme nous l'avons vu dans le chapitre 3, que vous soyez en voiture, à moto, à scooter ou à vélo, rouler et vous garer dans notre jolie capitale vous vaudra bien des prunes. Pour faire local, surtout, ne les payez pas ! Quand vous en découvrez une, pestez, râlez, pliez-la soigneusement et rangez-la n'importe où dans un endroit où vous l'oublierez facilement (au fond de votre sac, dans un tiroir de la console de l'entrée, dans une poche de veste...). Vous recevrez alors un rappel, et referez de même. Jusqu'à ce que vous soyez obligé de payer pour éviter les huissiers. Entre-temps votre amende aura augmenté et vous vous jurerez donc de ne plus jamais faire cette bêtise. Pourtant, vous agirez toujours de la même façon, amende après amende. C'est une malédiction qui plane sur la ville, n'essayez pas d'y échapper, c'est inutile.

Le détail qui compte : le jour où vous la payez, payez par Internet, c'est plus élégant (et moins douloureux psychologiquement).

Le Parisien

Je parle ici du journal. Bien entendu, les gens snobs préfèrent lire *Libé* ou *Le Monde*, les usagers du métro parcourent *20 Minutes* sur le trajet du boulot, mais franchement, quoi de plus délicieux qu'une lecture du *Parisien* le matin ? Surtout avec un petit noir et une terrasse ensoleillée. On aime sa maquette familière, ses micros-trottoirs improbables en bas de page (« Que pensez-vous de l'augmentation des prix ? »), sa page météo, son horoscope farfelu... Et ses publicités mythiques qui nous ont tous fait hurler de rire (« Le Parisien, il vaut mieux l'avoir en journal »). Et puis son nom, bien sûr. Son merveilleux nom.

Le détail qui compte : évidemment, ne l'achetez jamais, ne vous abonnez pas. *Le Parisien* se lit uniquement dans les cafés qui le proposent, traînant sur le zinc ou au creux d'une banquette en moleskine marronnasse.

Les lunettes de soleil

Été comme hiver, ayez toujours une paire de lunettes de soleil ultra-stylées sur vous. Pour passer incognito, bien entendu, pour rouler en deux-roues sans perdre vos yeux, mais aussi pour cacher votre pauvre regard vitreux les lendemains de nuits agitées et vous protéger de l'aveuglante lumière du monde extérieur.

Le détail qui compte : évitez d'avoir les mêmes que tout le monde (genre Wayfarer et Ray-Ban en général, Dior ou Chanel avec des gros logos sur les branches...). Ultra-vulgaire. Préférez les petites marques inconnues mais stylées, avec une top qualité d'opticien pour ne pas finir aveugle avant 50 ans (exemple : la marque allemande FUNK).

Le « projet »

Ah, le « projet »... Tout Parisien qui se respecte a un « projet ». Une idée qu'il caresse, un fantasme, un chantier en cours. Artistique et créatif, bien sûr. Elle écrit un roman. Il prépare un film. Elle veut réaliser un documentaire. Il compose des chansons. Ils répètent. Ils veulent monter une boîte. Ils veulent tout plaquer pour ouvrir un resto. Les Parisiens, rarement contents de ce qu'ils ont, ont toujours des idées de mieux en tête. Et comme ils sont attirés par la lumière, ce sont souvent des projets de stars (ou alors, c'est l'option « maison d'hôtes en rase campagne », et là, ils sont encore moins crédibles).

Le détail qui compte : trouvez votre projet et cultivez-le, mais surtout, ne le réalisez jamais. Si par accident cela arrivait, trouvez-en vite un autre, bien sûr.

L'interview parisienne

Nicolas Ullmann

Comédien, caméléon, animateur hors pair et fanatique de rock, Nicolas Ullmann est le roi des nuits parisiennes. Ses « Cabarock » et autres « Kararocké » ont mis le feu au Baron, au Paris Paris, chez Régine ou à La Flèche d'Or, et tous les fêtards ont connu des nuits déjantées grâce à lui. C'est dire s'il connaît Paris et ses habitants.

Nicolas, es-tu parisien ?

Oui, totalement : je suis né et j'ai toujours vécu à Paris. J'ai remarqué que les gens sont souvent étonnés quand je le dis, comme si c'était bizarre d'être né ici… Paris est tellement une ville de passage que ça semble rare d'être là depuis toujours. Je suis surtout un Montmartrois : depuis dix ans, j'ai déménagé quatre fois mais jamais quitté la Butte. Ce quartier, c'est la campagne à Paris, avec des décors incroyables dont je ne me lasse jamais.

Qu'aimes-tu à Paris ?

La beauté des femmes et les bons restaurants… À Paris, il y a de quoi combler tous nos sens et nos péchés ! J'aime aussi les lieux de la nuit très parisiens, anciens bars à filles, un peu usés, mais pleins de cachet, ces décors en velours rouge qu'on ne trouve pas ailleurs. J'aime que la ville soit à échelle humaine, et qu'on puisse donc la traverser à pied si l'on veut. J'aime que les quartiers soient tous différents et aient tous une vraie personnalité.

Et que n'aimes-tu pas ?

Je trouve cette ville de plus en plus policée ! On ne doit pas faire de bruit, pas s'amuser, pas faire de la musique trop fort… En Espagne, on a beau respecter son prochain, on peut faire les fous dans les bars. Ici, c'est de pire en pire. Tout est contrôlé, réprimé. Comme si la fête était quelque chose de négatif. Ça me fout le cafard.

Comment vois-tu les Parisiens ?

Je les trouve nombrilistes et pas très ouverts… On a l'impression qu'ils font exprès de jouer les blasés, les cyniques, pour être cool. Moi, je suis curieux, j'aime les différences. À Londres, on ne regardera pas une personne de travers parce qu'elle est très grosse, par exemple. À Paris, on juge beaucoup…

C'est pour ça que tu te déguises, que tu fais des trucs un peu dingues ?

Exactement ! D'abord parce que ça m'amuse, ensuite pour essayer de dérider les gens, les faire sourire, danser, crier. Les provoquer dans le bon sens du terme. À l'étranger, le public se lâche beaucoup plus.

Tu pourrais vivre ailleurs qu'ici ?

En fait, j'adorerais, par curiosité. J'aime la culture américaine, le Mexique aussi, je suis souvent sorti avec des filles étrangères… Et j'ai eu des occasions d'aller vivre ailleurs, mais je les ai ratées. Peut-être un jour !

www.myspace.com/ullmanncabarock

LEÇON 8

LES ADRESSES DU PARFAIT PARISIEN

Une sélection totalement partiale et subjective d'adresses bars, restos et clubs, à suivre religieusement.

Adresses bars

- **Ier arrondissement**

Le Café Marly
93, rue de Rivoli
Dommage que le personnel ne soit pas plus aimable et les plats pas plus délicieux, parce que le lieu, lui, est parfait.

Chez Mil'a
11, rue Jean-Jacques-Rousseau
Resto-bar du Sud-Ouest à l'ambiance de dingue. On vient y prendre l'apéro et on en ressort à 2 heures du matin avec douze nouveaux potes à la vie à la mort. Charcuterie et fromage excellents.

Hôtel Costes
239, rue Saint-Honoré
Certes un peu impersonnel, comme la plupart des bars d'hôtels chic, le Costes reste quand même à fréquenter

de temps en temps, par exemple pour un rendez-vous pro. Malgré son côté très branché, on s'y sent bien…

Le Fumoir

6, rue de l'Amiral-de-Coligny

Incontournable pour bouquiner seul ou donner un rendez-vous galant, classe, sexy et délicieux. Préférer un fauteuil club à l'entrée ou la terrasse plutôt que les tables du milieu.

Bar Hemingway, au Ritz

15, place Vendôme

Hors de prix mais rare bonheur… Et puis un bon Parisien se doit de goûter ses cocktails au moins une fois.

HorroR PicturE TeA

95, rue Saint-Honoré, http://horrorpicturetea.com

Salon de thé à l'anglaise, tout en boiseries et papier peint orné de têtes de mort, où déguster des pâtisseries et du thé Kusmi Tea, avant de faire un tour au salon de tatouage, tout en profitant d'une bande-son bien rock. Original donc, et ravissant.

Le Magnifique

25, rue de Richelieu

Point de chute cosy de fin de soirée, on y aime son très beau fumoir, sa bonne musique et ses gentils barmen. C'est le QG de Dita Von Teese.

Le Tambour

41, rue Montmartre

Une merveille ! Avec sa déco improbable, son équipe adorable, sa clientèle (très) mélangée, le Tambour est une institution pour boire et manger jusqu'à l'aube.

Wine and Bubbles
3, rue Française
Excellents vins et grignotades charcuterie-fromage, pour un verre entre copains ou une soirée filles spéciale papotage alcoolisé. Préférer la terrasse au décor impersonnel de l'étage.

• IIe arrondissement

Le Café
62, rue Tiquetonne
Ce petit bar bon enfant à la mignonne terrasse change de l'Étienne Marcel et abrite une clientèle d'habitués. Sympathique.

Chez Carmen
53, rue Vivienne
Lieu atypique pour faire la fête à l'ancienne toute la nuit, Carmen change souvent de style et de visage : tenez-vous au courant avant d'y aller.

L'Étienne Marcel *(voir Restaurants)*

Experimental Cocktail Club
37, rue Saint-Sauveur
Comme son nom l'indique, on va s'y délasser avec des cocktails de compèt'. Parfait pour un premier « date ».

Le Truskel
12, rue Feydeau
Plutôt pour les jeunes, les rockeux, les underground mais pas trop. Bonne musique à fond et chaleur ambiante. Il faut aimer coller à la foule.

• IIIe arrondissement

Andy Wahloo
69, rue des Gravilliers
Juste à côté du Derrière et du 404, un excellent bar différent, mixant le bled avec le pop. Tapas marocaines, bon son et déco piquante, petit dance floor en fin de soirée.

Baci
36, rue de Turenne
Avec sa déco standardisée et sa musique médiocre, il réussit quand même à nous avoir avec sa terrasse très agréable pour grignoter à l'apéro. Pour un rendez-vous pro.

Café Charlot
38, rue de Bretagne
Sous ses airs formatés, un vrai régal où il fait bon avoir ses habitudes, surtout en terrasse. On y aime le petit dej, les frites maison et le thé à la menthe.

L'Égoïste
14, rue de Bretagne
Troisième bar branché de la rue de Bretagne, il n'est pas incroyable mais a la bonne idée d'envoyer du son après minuit. On y traîne tard.

Murano
13, boulevard du Temple
Ce bar d'hôtel un peu trop couru est à connaître pour sa vodka, son calme, sa déco.

La Perle
78, rue Vieille du Temple

Impossible de comprendre ce qui fait le succès de ce rade pseudo-vieillot, trop branché et trop blindé. N'hésitez pas à vous faire votre opinion.

Le Progrès
1, rue de Bretagne
Certainement le meilleur bar de la rue de Bretagne, cet incontournable est bon pour toute heure du jour et de la nuit. Faune branchée mais ambiance à l'ancienne.

Wildrick
20, rue de Picardie
Déco bric-à-brac, bande-son bien rock, et cocktails explosifs (Gin Me Hendrick's, Crazy Kate, Capirouge…), le lieu change un peu des bistrots tradi-branchés du coin en la jouant décalée.

• IVe arrondissement

Le Drapeau
10, rue du Temple
Un simple café de quartier à la terrasse bien située (en face du BHV) et aux serveurs adorables – oui, ça existe ! Pour un crème en vitesse avec le journal.

Le Georges
19, rue Beaubourg
Là, c'est clair, on y va uniquement pour la vue – et parfois pour le son. Sur le toit de Beaubourg, Paris se roule à vos pieds.

Le Loir dans la théière
3, rue des Rosiers
Ce mythique salon de thé, tout en bois et gros fauteuils, sert des tartes incroyables (celle au citron est

un monument) et du salé aussi. Pour un gros brunch, mais attention, il y a toujours la queue.

Mariages Frères
30, rue du Bourg-Tibourg
Ouh, qu'il est bon de siroter et grignoter comme des mamies anglaises dans ce salon de thé parfait… Surtout quand on achète 354 thés dans la boutique après.

- **Vᵉ arrondissement**

Café Maure de la Mosquée de Paris
39, rue Geoffroy-Saint-Hilaire
Évidemment, une institution pour déguster thé à la menthe et pâtisseries, se remémorer ses vacances à Marrakech et s'échapper un peu de notre capitale adorée.

- **VIᵉ arrondissement**

Bar du Marché
75, rue de Seine
L'esprit Gavroche est définitivement trop cliché, mais sur cette terrasse géniale l'été, on boit l'apéro en matant de jolis garçons et filles en pagaille. Et on termine par une balade dans la rue piétonne.

Le Café de Flore et Les deux Magots
172, boulevard Saint-Germain et 6, place Saint-Germain-des-Prés
Surfaits ? Démodés ? Peut-être, mais si vous voulez (ne pas) être Parisien(ne), impossible d'y couper. Placez-y un rendez-vous pro, déjeunez-y une fois, et qu'on n'en parle plus.

Ladurée
21, rue Bonaparte
Passez la boutique et filez au fond dans les confortables banquettes, pour un délicieux petit déj ou un thé-macarons. Ambiance ouatée, sucrée, et chic. Avec Maman, Belle-Maman ou Mamie.

Montana *(voir Clubs)*

La Palette
43, rue de Seine
Certes un peu trop ambiancée « étudiants bourgeois », cette Palette se montre rafraîchissante de temps en temps, surtout pour sa terrasse calme.

• **VIIe arrondissement**

Le Rouquet
188, boulevard Saint-Germain
Ce vieux bistrot authentique n'est pas encore contaminé par la fashionerie germanopratine : un miracle ? Sa neutralité repose.

• **VIIIe arrondissement**

Mathis
3, rue de Ponthieu
On le dit très people, mais il est surtout un peu dépassé. Pas grave : il reste confortable, désuet et joli.

Le Mini Palais *(voir restaurants)*

Bar du Plaza Athénée
25, avenue Montaigne
Évidemment hors de prix, mais un régal de luxe, calme et volupté. Oui, on y voit des stars. Oui, tout coûte

un bras. Mais pour un Perrier, un rendez-vous pro ou un moment « différent », ça devrait le faire.

Le Schmuck
43, rue de Ponthieu
Bar-boîte à la fois hype et intimiste, avec une déco façon boudoir vintage et des cocktails addictifs (Basilic-Gingembre, Framboise-Roquette...). Ça change du Baron, en somme.

Le Secret
16, avenue de Friedland
À découvrir, un joli boudoir gris et feutré, un peu impersonnel au premier abord, mais vite adopté pour ses très bons cocktails.

• **IXe arrondissement**

Bar de l'Hôtel Amour
8, rue de Navarin
Évidemment. Parfait pour l'apéro sous la verrière, un verre après un concert à la Cigale, ou une coupe de champagne avant de monter honorer une des chambres.

Rose Bakery
46, rue des Martyrs
Certes, on y va plutôt pour le take away, mais parfois il est bon d'y consommer un thé-gâteau sur place, pour le côté New York.

• **Xe arrondissement**

Le Cadran du Faubourg
79, rue du Faubourg-Saint-Denis

Pour changer de Chez Jeannette, une très bonne terrasse de bar à l'ancienne, et surtout un bon apéro pas cher avec d'énormes frites maison gratis. Foncez-y.

Chez Jeannette
47, rue du faubourg Saint-Denis
Certes, la Jeannette est aujourd'hui un peu trop courue. Mais on y retourne encore et encore, pour son esprit vieux rade, sa terrasse Saint-Denis et son ambiance tous azimuts. Et on y croise toujours un copain ou deux, généralement.

Chez Prune
71, quai de Valmy
C'est le rendez-vous turbo-bobo du Canal. En terrasse de préférence, toujours prise d'assaut (installez-vous sur le quai en attendant, c'est bien aussi).

Chez Sésame
51, quai de Valmy
Bienvenue à Manhattan ! Avec son bar en bois, ses brunchs bio et la vue sur le canal, on n'est pas loin de l'Hudson. Miam les smoothies maison.

Delaville Café
34, boulevard de Bonne-Nouvelle
Bien qu'il n'ait vraiment rien d'extraordinaire côté ambiance, on y aime sa déco fantastique d'ancien bordel, qui sauve la mise dans ce quartier moyen.

Hôtel du Nord
102, quai de Jemmapes
Indémodable, infatigable. Dans ce coin de Paris qui la joue Amsterdam, l'HDN reste un point de chute pour l'apéro ou le dîner, avec n'importe qui, n'importe quand.

Point Éphémère
200, quai de Valmy
Parce que le quai, parce que les événements pointus, parce que les mojitos pas chers, parce que l'anti-parisianisme, parce que boire un verre sur les pavés.

• **XIe arrondissement**

L'Alimentation Générale
64, rue Jean-Pierre-Timbaud
C'est un de ces lieux bric-à-brac à événements variés que les nouveaux Parisiens adorent... Pour manger et shopper du bon Dj.

Bacardi Mojito Lab
28, rue Keller
Temple de dégustation du fameux cocktail rhum-menthe-citron, classique ou versions diverses ! On y trouve aussi les accessoires, kits et ingrédients pour le concocter, et des ateliers pour apprendre à le réussir parfaitement.

Café de l'Industrie
17, rue Saint-Sabin
Bizarrement, on ne se lasse pas de ce bar à la déco sympa, aux beaux volumes et à l'ambiance cosy pour un thé l'après-midi. Avec les copines, par exemple.

Les Disquaires
6, rue des Taillandiers
Sous son côté crado, peut-être la meilleure soirée de votre vie avec les verres et le son qu'il faut. Plein de barbus en chemises à carreaux et de petites poulettes modeuses mais pas trop.

L'International
5-7, rue Moret
Du bon gros son qui tache, des nouveautés, de la sueur ! Essayez ses concerts surchauffés au sous-sol.

La Mécanique Ondulatoire
8, passage Thiéré
Adulée pour sa déco brocante, ses flyers parfaits et surtout, bien sûr, pour le son pointu.

Panic Room
101, rue Amelot
Voilà un bon endroit où boire et danser qui change un peu des standards habituels... Surveiller la programmation, il y a de tout.

La Place Verte
105, rue Oberkampf
Un spot qui plaît par sa terrasse sur Oberkampf, subtilement arrosée l'été. Ça change du Café Charbon.

Pop In
105, rue Amelot
Le vrai rock cradoque ne faiblit pas, la vraie brancherie électro non plus. Vive la rue Amelot.

• XIIe arrondissement

Le China
50, rue de Charenton
Un rêve. Entre le club anglais, Twin Peaks et Wong Kar Wai, des cocktails incroyables au premier étage et de bons concerts en bas. Pour un rendez-vous amoureux ou un dîner très spécial.

• **XIIIe arrondissement**

Le Merle Moqueur
11, rue de la Butte-aux-Cailles
OVNI de la Butte-aux-Cailles, ce petit bar se fréquente en groupe, bien serrés, en gigotant sur de la musique des années quatre-vingt. Pourquoi ? Parce que ses incroyables et interminables rhums arrangés, grands dieux !

• **XVIe arrondissement**

Café de l'Homme
17, place du Trocadéro
Certainement la meilleure vue de la Tour Eiffel ! À savourer en journée, parfois, mais surtout pour une coupe de champagne la nuit...

La Gare
19, chaussée de la Muette
Dans ce quartier chic, on aime la terrasse cosy et même pas hors de prix de la Gare. Le restaurant étant plus décevant, n'y rester que pour un apéro avec grignotade.

Tokyo Eat
13, avenue du Président-Wilson
C'est la terrasse où il fait bon se rafraîchir et flirter l'été après une bonne expo... Possible aussi d'en profiter pour se shooter au photomaton et acheter une bricole à la géniale boutique du musée.

• **XVIIIe arrondissement**

7th
12-14, rue Joseph-de-Maistre
Terrasse au septième étage, loin du bruit et de la pollution, avec une vue sur tout Paris s'appréciant lové

dans un canapé, les pieds sur la fausse pelouse, au milieu des foisonnantes plantes vertes…

La Chope du Château Rouge
40, rue de Clignancourt
Impossible de faire plus classique du quartier pour ce vieux rade authentique et très sympathique ! Apéro ou café, posez-vous là avec un journal et appréciez le ballet du quartier.

Le Clair de Lune
1, rue Ramey
Dans la série des bars miteux qui cartonnent, mais cette fois en version déco bizarroïde, ce rade ne déçoit jamais. Pour une bière entre potes.

L'Escale
32 bis, rue des Trois-Frères
L'anti-bar parisien ! Minuscule échappée brésilienne posée sur les marches de la Butte, qui offre d'incroyables cocktails aux prix défiant toute concurrence. Un rêve.

Le Floors
100, rue Myrha
Tout en hauteur, ce « diner » aligne déco fifties et son pointu, pour changer des bars cradocs (même si sympathiques) de la rue Clignancourt. Pour un dej de burgers ambiance rockabilly.

Le Progrès
7, rue des Trois-Frères
Oui, ce bar est bien trop bruyant ! Mais il reste incontournable quand on est dans le quartier, avec sa bonne ambiance et sa déco à l'ancienne.

• **XIXe arrondissement**

Le bar du 104
104, rue d'Aubervilliers
Sous la belle déco, on cherche vainement un peu d'âme... En revanche on adore le camion à pizzas dehors.

Le Bar Ourcq
68, quai de la Loire
On y va pour sa géniale terrasse à bon son, impeccablement posée sur le canal de la Villette. Y emmener un jeune bourgeois branché qui sera tout étonné de se complaire en plein 19e.

Café Chéri(e)
44, boulevard de la Villette
Ou comment Belleville perd son côté popu depuis l'invasion des hipsters... C'est pas grave, tout bon Parisien aime le mélange des genres !

La Féline
6, rue Victor Letalle
Oui, c'est un énième bar rock. Mais c'est certainement un des plus authentiques. On va y entendre avant tout le monde des groupes qui vont (peut-être ?) cartonner.

Rosa Bonheur
Parc des Buttes-Chaumont
Bien sûr, aux Buttes, on préfère s'étaler dans l'herbe. Mais Rosa permet de boire et de manger, de flirter, de rencontrer du monde, de s'enivrer, et surtout de rester après la fermeture du parc ! Attention, il faut aimer la foule...

• **XXe arrondissement**

La Bellevilloise
19, rue Boyer
Ses points forts : une super-terrasse, des événements divers, et sa proximité avec la Maroquinerie. Plus un parfum d'histoire irrésistible…

La Flèche d'Or
102 bis, rue de Bagnolet
Oui, oui, oui, ce lieu de concerts absolument culte a perdu de son âme avec une nouvelle décoration proprette et le déplacement du bar… On pleure un peu, mais ses événements sont toujours déments et sa terrasse aussi. Alors on y retourne.

Mama Shelter
109, rue de Bagnolet
Comment résister à sa déco ? Son plafond ? Ses mini-pizzas ? Et puis Pierre le barman fait de délicieux cocktails avec un grand sourire. Avec une copine pour draguer en team, ou avec son amoureux. Ensuite, on file en face à la Flèche d'Or.

Adresses restaurants

• **Pour le déjeuner (ou le brunch)**

British Sandwich
23, rue des Acacias 75017 – 01 40 68 00 12
Les Parisiens adorent Londres, c'est bien connu. Dans ce petit snack chic, ils prennent sur place ou à emporter soupes anglaises, salades variées, sandwichs,

crumbles de légumes, carrot cakes et autres scones, tout en reluquant le mobilier écossais.

Café Charlot

38, rue de Bretagne 75003 – 01 44 54 03 30

Tout n'y est pas renversant, certes, mais les frites, les salades et les burgers sont parfaits, et l'endroit aussi. Mention spéciale au petit dej, très quali et très copieux pour 11 euros ! Une bonne alternative aux brunchs onéreux servis ailleurs.

Café Crème

4, rue Dupetit-Thouars 75003 – 01 42 72 04 06

On aime tellement ses grosses salades composées, ses muffins burgers, sa terrasse agréable… Et pourtant, on est à chaque fois sidéré par l'antipathie de son équipe. Je vous donne l'adresse quand même, au cas (improbable ?) où ils deviendraient aimables.

Café La Cigale

124, boulevard Rochechouart 75018 – 01 55 79 10 10

Olivier Marzetto, ex de l'Étienne Marcel, a un nouveau bébé : la Cigale. Dans un espace d'ardoise et de cuir signé Starck, ce « pub rock moderne » se goûte soit en mode brunch, soit en mode dîner tardif après un concert de la salle voisine du même nom.

Cantine Merci

111, boulevard Beaumarchais 75003 – 01 42 77 01 90

Un peu surfait, bien entendu, mais pratique après avoir erré dans les rayons tentateurs. Pour les petites faims, on préfère mille fois grignoter un snack dans la bibliothèque, beaucoup plus sympa.

Chloé S.
40, rue Jean-Baptiste-Pigalle 75009 – 01 48 78 12 65
Ici, on peut bruncher, déjeuner, mais surtout, goûter ! Chloé la pin-up la plus souriante de Paris concocte les meilleurs cupcakes du monde, avec ou sans sucre, de toutes les couleurs et à tous les parfums. Une maison de poupée toute rose en direct des fifties in USA !

Étienne Marcel
34, rue Étienne-Marcel 75002 – 01 45 08 01 03
J'y aime tout : la déco (pourtant un peu froide et bizarroïde), la musique (variée), et l'équipe (adorable malgré le quartier « fashion »), sans compter les meilleures frites de la terre, des jus maison somptueux, et un veggie burger digne de ce nom. Bonus : une terrasse idéale pour mater.

Greenpizz
8, rue Cadet 75009 – 01 48 00 03 29
Des pizzas succulentes en version bio, saine et haute qualité, ça change et ça fait du bien (d'autant qu'elles sont moins caloriques). À déguster avec un jus de fruits ou une bière bio, en terrasse si possible, pour amadouer un rdv pro.

Madame Shawn
18, rue Caffarelli 75003 – 01 42 72 36 06
56, rue de Lancry 75010 – 01 42 38 07 37
34, rue Yves-Toudic 75010 – 01 42 08 05 07
28, rue Duret 75016 – 01 45 00 45 20
64, rue des Dames 75017 – 01 43 87 46 86
Probablement le meilleur thaï de la capitale aux prix abordables… Et en plus, avec multiples adresses. Prendre l'assortiment d'entrées pour deux, et craquer au dessert sur les indécents nems chocolat.

La Maison Blanche
15, avenue Montaigne 75008 – 01 47 23 55 99
Bien sûr, normalement, c'est bien trop cher pour vous. Mais l'été, sur la terrasse en bois du toit, donnez quelques rendez-vous pro : il n'y a rien de tel que de se régaler en vue plongeante sur la plus belle ville du monde.

Nanashi
31, rue de Paradis 75010 – 01 40 22 05 55
57, rue Charlot 75003 – 09 60 00 25 59
Pur produit de la brancherie, ces mignonnes cantines entre Japon et paradis bio réunissent le savoir-faire de la Clique et d'une ancienne de Rose Bakery. On y mange des bentos variés et de très bonnes pâtisseries en sirotant un thé vert sur une table en bois, entre copines de préférence.

Le Petit Centre du Monde
1 bis, rue Jean-Mermoz 75008 – 01 53 76 24 42
Petit bijou vietnamien sur trois étages à la déco dorée et brune, entre marbre et velours. Le chef vient d'Hanoï, propose une cuisine authentique et saine, et se surpasse côté BoBun.

Le Relais Louis XIII
8, rue des Grands-Augustins 75006 – 01 43 26 75 96
Là, c'est pour frapper un grand coup ! Beaux-parents, fiancé(e), client important : osez entrer dans ce lieu historique, autrefois fréquenté par Louis XIII ou Picasso, et aujourd'hui restaurant au chef doublement étoilé (Manuel Martinez). Pourquoi ? Parce que c'est somptueux, et seulement 50 € en menu le midi. Qui a dit que le luxe était inaccessible ?

Rose Bakery
46, rue des Martyrs 75009 – 01 42 82 12 80
30, rue Debeylleyme 75003 – 01 49 96 54 01
Ultra bobo bio, oui, mais tellement délicieux ! Pour se remémorer New York, manger sainement, craquer sur une pâtisserie... Messieurs, n'hésitez pas à y emmener la fille qui vous plaît, elle vous regardera d'un autre œil.

Septime
80, rue de Charonne 75011 – 01 43 67 38 29
En ouvrant, ce resto a fait un buzz énorme. Trop ? Pas forcément : le menu, qui change chaque jour, tient ses promesses, la déco (bois et brut) n'agresse pas l'œil, et tout ce qui compte de bobos et de barbus sexy afflue entre ces murs. Terriblement parisien, n'y échappez donc pas.

Yoom
20, rue des Martyrs 75009 – 01 56 92 19 10
Pour changer d'avis sur la cuisine « asiatique », goûtez donc ces Dim Sum, les mythiques boulettes de pâte farcie servies dans les cantines de Hong Kong, à tous les parfums, même sucrées en dessert... Et vous y reviendrez, croyez-moi. La déco et les assiettes sont canons, ce qui ne gâche rien.

Zinc Zen Café
114, rue de la Convention 75015 – 01 45 58 08 40
Déco classe et cosy, service adorable, prix raisonnables : dans ce bistrot cool du 15e, on aime les grosses salades, le brunch et surtout le Burger ! Frites excellentes.

• **Pour le dîner**

Le 39 V

39, avenue George V 75008 – 01 56 62 39 05

Tout en haut d'un immeuble haussmannien, ce bel espace cosy aux faux airs de soucoupe volante est le temple du très « ducassien » chef Frédéric Vardon. Ne ratez pas l'indécente sole, pillez la cave à vins, et reprenez du dessert, merci.

L'Ami Louis

32, rue du Vertbois 75003 – 01 48 87 77 48

Une très très bonne adresse... si vous êtes millionnaire. C'est merveilleux, culte, mais hors de prix.

Le Chéri Bibi

15, rue André-del-Sarte 75018 – 01 42 54 88 96

Mon préféré des restaurants de l'équipe de la Famille et du Cul de Poule ! Tout y est très très bon, les vins y compris, l'ambiance est au taquet, et on s'y sent comme chez soi. Plutôt entre amis (en plan love, vous risqueriez de vous éparpiller).

Chez Jeannette

47, rue du Faubourg-Saint-Denis 75010
– 01 47 70 30 89

Que soient bénis leur camembert rôti au four, le carpaccio à la marinade de figues et le tournedos Rossini ! Comme quoi, ici, on ne vient pas que pour boire. Impec pour un dîner avec ses meilleurs copains.

Le China Club

50, rue de Charenton 75012 – 01 43 43 82 02

J'en parlais dans les bars, j'en reparle pour le restaurant : accompagnez donc leurs incroyables cocktails par des assortiments de grignoteries asiatiques… vous ne le regretterez pas. Et comme dessert ? Un cocktail sucré, tiens.

Le Cul de Poule
53, rue des Martyrs 75009 – 01 53 16 13 07
Pour manger allongé au premier étage ou en terrasse sous des couvertures, déguster des petits plats franchouillards de grande qualité, un des bébés de l'équipe de la Famille et du Chéri Bibi.

Le Derrière
69, rue des Gravilliers 75003 – 01 44 61 91 95
Comment ne pas tomber amoureux de cette maison de famille avec table de ping-pong, salle de projo, vieux fumoir-bibliothèque caché derrière une armoire et chambre privatisable ? Impossible, surtout une fois qu'on a goûté l'excellente carte et bu quelques verres de bon vin. Vous êtes prévenus.

Les Enfants Terribles
8, rue Lord Byron 75008 – 01 53 89 90 91
Égarés sur les Champs-Élysées, affolés par les bistrots à touristes, vous cherchez où dîner ? Ici, non seulement c'est très beau, mais en plus c'est très bon ! Un régal pour dîner en amoureux.

La Fidélité
12, rue de la Fidélité 75010 – 01 47 70 19 34
C'est le resto des maîtres du Baron. Goûter l'excellente burrata, essayer de choper une table en mezzanine, et finir en VIP dans l'appartement du dessus. Sinon, se venger sur les cocktails.

L'Hôtel Amour
8, rue de Navarin 75009 – 01 48 78 31 80
Dans la première édition de ce livre, je dénigrais les plats (et disais que seul le cadre valait le coup). Depuis, l'équipe a changé, j'y suis retournée et me suis régalée. Comme quoi !

Liza
14, rue de la Banque 75002 – 01 55 35 00 66
Peut-être bien le meilleur Libanais de Paris ! En tous les cas, le plus beau, avec sa déco mi-authentique, mi-chic. On ne sait quoi vous conseiller, tout est bon.

Le Mini Palais
3, avenue Winston-Churchill 75008 – 01 42 56 42 42
L'idéal pour un rendez-vous amoureux ou un dîner « grande occasion » entre copines : outre le somptueux décor et le lieu chargé d'histoire, ce restaurant fait de la très bonne cuisine (normal, c'est Éric Fréchon qui pilote), et son personnel est compétent et adorable. Rare, non, autant de qualités dans un lieu parisien ?

Le Schmuck (Odéon)
1, rue de Condé 75006 – 01 43 54 18 21
Non, pas le même que celui où on boit des cocktails : ici, c'est le petit frère, restaurant tenu par des anciens du Chateaubriand, pour déguster de bons petits plats pas trop chers dans une déco moitié-brocante moitié-branchouille. Impec pour un « date ».

Adresses hôtels

Pour les non-Parisiens en escapade, ou pour les locaux en quête d'une nuit spéciale... quelques lieux où il fait bon vivre, dormir, et s'aimer.

L'Athénée
19, rue Caumartin 75009 – 01 40 17 99 29
http://hotel-athenee.com/fr
Signé Jacques Garcia, ce boutique-hôtel 4 étoiles la joue opéra italien où cocooner et roucouler. Des tentures rouges à la toile de Jouy, des pièces capitonnées au fumoir voûté, on s'y love, dans tous les sens du terme.

Le Citizen
96, quai de Jemmapes 75010 – 01 83 62 55 50
http://lecitizenhotel.com
Ambiance familiale pour ce petit hôtel ravissant, à la literie démente et aux salles de bains « cabane ». Produits frais et faits maison au petit dej, quartier parfait (le canal Saint-Martin), iPad à disposition, bref, une petite perle.

Le Crayon
25, rue du Bouloi 75001 – 01 42 36 54 19
www.hotelcrayon.com.
Dans la chambre « Exquise esquisse », on peut dessiner sur les murs et profiter d'une salle de bains sublime avec meubles et miroirs chinés. Le tout à deux pas du Louvre.

L'Hôtel Secret de Paris
2, rue de Parme 75009 – 01 53 16 33 33
www.hotelsecretdeparis.com

Mention spéciale à ses chambres déclinées sur le thème des monuments parisiens (tour Eiffel, Opéra de Paris, musée d'Orsay...), son concept luxe mais écologique, et ses effets de lumière cosy.

L'Hôtel Thoumieux
79, rue Saint-Dominique 75007 – 01 47 05 79 00
www.thoumieux.com.
Au-dessus du restaurant gastronomique de Jean-François Piège (2 étoiles au Michelin), des chambres élégantes et chaleureuses, et des salles de bains particulièrement ravissantes. Et miam le petit dej.

Le Konfidentiel
64, rue de l'Arbre-Sec 75001 – 01 55 34 40 4
www.konfidentiel-paris.com
Pour dîner d'abord dans son merveilleux resto voûté du xve siècle, puis finir la nuit dans ses magnifiques chambres 4 étoiles aux thèmes d'Histoire de France... Le tout au cœur du vieux Paris.

Le Kube
5, passage Ruelle 75018 – 01 42 05 20 00
www.kubehotel.com
On aime tellement son bar à la déco un peu kitsch, ses chambres spacieuses et luxueuses, ses anims (soirées Dj), son brunch, son ambiance... que, oui, on va jusqu'à la Chapelle pour y passer la nuit.

Le Pavillon des Lettres
12, rue des Saussaies 75008 – 01 49 24 26 26
www.pavillondeslettres.com/fr
De A comme Andersen à Z comme Zola, un temple réunissant 26 chambres, 26 lettres de l'alphabet,

26 auteurs. Tellement parisien, avec son parti pris culturel assumé, raffiné, chic et envoûtant.

Le Renaissance
55-57, avenue Raymond-Poincaré 75016 – 01 44 05 66 66
www.parisrenaissance.com/fr
On y va pour le côté élégant du 16e mais surtout pour le jardin, avec magnolias, érables japonais et autres bosquets du monde entier, où déjeuner ou dîner même si l'on ne séjourne pas à l'hôtel.

Le Seven
20, rue Berthollet 75005 – 01 43 31 47 52
www.sevenhotelparis.com/fr
Trip cinématographique dans une ambiance vintage avec la suite 007 : déco hypnotisante, noire et or, douche à gadgets, écran géant, miroir au-dessus du lit, jeux de lumières... Mais aussi chambres standards tout à fait mignonnes et autres suites à thèmes, style Marie-Antoinette ou Alice au pays des merveilles.

Le Triangle d'Or
6, rue Godot-de-Mauroy 75009 – 01 47 42 25 05
www.hoteldutriangledor.com
Les Parisiens sont tous des musiciens cachés (ou ratés ?) : ici, 45 chambres dont la déco a été conçue par un zicos (Jacques Higelin, MC Solaar, Rickie Lee Jones, Manu Katché et Archie Shepp), pour rêver batterie, clavier et cordes.

Adresses boutiques

Impossible d'énumérer ici toutes les adresses de fringues *fashion* de la capitale (les marques données dans le chapitre 1, rubrique Look, sont très faciles à trouver via le Web ou les renseignements). En revanche, voici quelques concept-stores et boutiques pas comme les autres (autrement dit, introuvables en province) pour devenir plus parisien(ne) que les Parisien(ne)s. Hop, on chauffe la Visa, et on y va.

Arteum

Bercy Village, 11-13, cour Saint-Émilion 75012 – 01 55 78 99 06

www.arteum.com

J'ai été assez claire sur la soif de culture des Parisiens, et sur l'importance d'étaler cette dite culture (qu'on en ait ou pas) régulièrement. Arteum est le concept-store parfait pour ça : ici, les dérivés de l'art se vendent de 1 à 1 000 euros dans un grand espace tout de bois et de pierre vêtu. Mugs, affiches, papeterie, librairie, tableaux, déco, moulages, crayons, vaisselle, objets design, on se balade entre les classiques du cinéma, les personnages de Keith Haring, la Grèce Antique et les codes couleur Pantone. Il y en a même pour les enfants (mais oui, rappelez-vous, il faut les former très tôt).

Terres de Café et Café Coutume

Café Coutume

47, rue de Babylone 75007 – 01 45 51 50 47

www.coutumecafe.com

Terres de Café

14, rue Rambuteau 75003 – 01 42 78 49 79
34, rue des Blancs-Manteaux 75004 – 01 42 72 33 29
43, rue La Fayette 75009 – 01 42 72 33 29
13, rue d'Aligre 75012 – 01 43 41 88 57
33, rue des Batignolles 75017 – 01 42 72 33 29
www.terresdecafe.com

Comme vous le savez parce que vous êtes bon élève, tout Parisien qui se respecte boit du café. Dans les bars certes, mais chez lui et au bureau aussi. Et comme un bon Parisien, il fait ça avec style, et surtout qualité. Du coup, les vrais torréfacteurs et autres vendeurs d'excellents nectars sont à connaître, pour rapporter chez vous ou au bureau un moka d'exception, un déca digne de ce nom (décaféiné à la vapeur, et non pas au dissolvant comme les autres !), de grands crus de café qui ne vous coûteront pas tellement plus cher que les produits sans saveur du supermarché, et raviront vos invités. Voici six adresses pour vous régaler, el Gringo !

Colette

213, rue Saint-Honoré 75001 – 01 55 35 33 90 –
www.colette.fr

S'il ne fallait retenir qu'une adresse ultra-parisienne, ce serait évidemment… Colette. Insupportablement snob pour certains, temple absolu du style pour d'autres, le concept store de la rue Saint-Honoré vaut de toute façon le détour. Mode, cosmétique, littérature, musique, high-tech, gadget, baskets, design, séries limitées, événements pointus, expositions, il est impossible de ne pas y trouver son compte. Et contrairement à ce qu'on pourrait penser, non, tout n'y coûte pas un œil (sinon je n'en parlerais pas ici tellement ça m'énerverait). Perso, j'adore son rayon librairie, ses cours de cuisine gratuits au Water Bar (Cooklette), ses marques de t-shirts introuvables ailleurs, ses séances de dédicaces (comme Lou Reed en novembre dernier), et, surtout, ce parfum de nouveauté ultra-fraîche, cette énergie de l'ailleurs, ce sens de la surprise qui repaît la faim de tendance qui feule en tout Parisien… Toujours inattendu, varié et stylé, c'est le magasin le plus indiqué pour brosser son parisianisme dans le sens du poil.

Culture of Color
8 adresses à voir sur www.cultureofcolor.fr
Que les choses soient claires : il est absolument hors de question de se vouloir Parisienne avec des ongles en friche, ou non colorés, ou très longs avec une french façon porn-star du XXe siècle, ou rongés, ou ornés de motifs peints, et cela concerne autant les mains que les pieds. Ça tombe bien, Paris commence enfin à ressembler à New York et ouvre des nail-bars un peu partout. S'y faire faire une pose de vernis pour seulement 5 euros (le prix d'un Coca en terrasse), quand on n'a pas le temps – ou la flemme – de le faire soi-même, c'est le luxe facile et l'élégance à portée de bourse. Vous y tomberez amoureuse de la marque O.P.I, qui propose des millions de couleurs. Mon tiercé gagnant : Big Apple Red, Malaga Wine, et Vodka Caviar.

Karamell
15, rue des Martyrs 75009 – 01 53 21 91 77 – www.karamell.fr
Le Parisien est épicurien. Et bec sucré. Pour charmer une fille ou détoner dans un apéro dînatoire, il va acheter des bonbons, comme Brel, « parce que les fleurs, c'est

périssable ». Dans cette boutique suédoise, il shoppe des bonbons qu'on connaît (« œufs », nounours, « gencives »...), d'autres qu'on découvre (les très nordiques réglisses salées), en passant par quelques coups de foudre (les caramels mous). Cerise sur le bonbec, les étagères proposent aussi sabots en bois, jolies cartes, bocaux, confitures et contes suédois, que vous devez adorer, parce que la Scandinavie, c'est la vie.

LNLM

245, rue Lecourbe 75015 – 01 45 33 00 67 – www.lnlm.fr

Pour les motardes et conductrices de scooter qui, en bonnes Parisiennes, ne veulent pas renoncer à leur look – même quand il fait moins douze. Adieu gants anti-glam', casques de Robocop et gros blousons aussi féminins qu'un gilet de Shrek : LNLM est la première boutique pour les filles en deux roues, avec plein de jolis articles qui protègent. En plus, les vendeuses sont adorables et très bonnes conseillères.

Pop Market

50, rue Bichat 75010 – 09 52 79 96 86 – www.popmarket.fr

Située vers le canal Saint-Martin, cette caverne d'Ali Baba la joue concept-store acidulé et fifties, avec plein d'idées originales pour faire des cadeaux, aux grands, petits et moyens. Des bijoux, de la déco, des sacs, des jouets pour enfants bobos, des ustensiles de cuisine, des carnets, des BD, des dînettes, des guirlandes... Du coup, on a aussi envie de se faire des cadeaux, et on ne sait plus où donner de la tête. Bref, un délicieux lieu de perdition.

Smart Store
8, rue Blanche 75009 – 01 82 09 96 69 – www.smart-store.fr
Parce qu'être un Parisien branché coûte cher, on peut se ruer avec enthousiasme sur ce lieu atypique qui propose d'être un Parisien branché presque gratuitement ! Ici, tout en se la racontant hipster novateur, on peut tester des produits de beauté, goûter sur place (et emporter chez soi) des nouvelles boissons, rafler des échantillons DouxMe, Caudalie ou autres succulentes marques de cosmétiques… Moyennant 10 euros d'inscription à l'année, pour 5 produits par semaine à emporter. Le slogan de la boutique résume sa philosophie ainsi : « Goodies, surprises, expériences. » Pourquoi pas.

Thanksgiving
20, rue Saint-Paul 75004 – 01 42 77 68 29
www.thanksgivingparis.com
Paris aime New York. La vieille France a beau s'en défendre, elle trouve les States sexy. Alors parfois, les Parisien(ne)s vont shopper de quoi bruncher à la maison « à la ricaine », parce qu'ils mourraient de honte plutôt que de le faire avec des produits français – c'est vrai, ce serait de mauvais goût. Pâte à pancake, mac and cheese, sirop d'érable, Dr Pepper, poudre à cookies… « comme là-bas », « comme quand je vivais à Manhattan », « comme chez mon pote Bill » (rayer la mention inutile). Bienvenue dans la plus historique des épiceries US parisiennes.

Uah
62, rue de l'Arbre Sec 75001 – 09 81 71 61 18
www.uah-paris.com

Devinez quoi : outre les États-Unis, Paris aime aussi le Japon. Et l'Asie. Encore plus si elle vient chez lui, qu'elle est « authentique », et qu'il peut étaler ses souvenirs de vacances ou de voyage d'affaires d'un air entendu. Chez Uah, les Parisiens se fournissent en bols, boîtes bentos, livres de cuisine, huiles, sauces, nouilles, photos, baguettes, mangas, tableaux, thés, verres, idées cadeaux… Bref, encore un concept-store à visiter régulièrement.

Adresses culture

Il serait exhaustif de lister ici tous les musées, cinémas, salles de concert et autres galeries qui vous tendent les bras dans Paris. En plus, n'importe quel guide classique le fait très bien. Aussi, nous nous contenterons de donner des indications de sites Web utiles pour se tenir au courant de ce qui se passe…

- **Quelques sites de médias à suivre (newsletters, flux RSS ou visites régulières)**

  www.telerama.fr
  www.rue89.com/culture
  www.liberation.fr (rubrique « Culture »)
  http://next.liberation.fr
  http://obstyles.nouvelobs.com
  www.wadmag.com/wadmag
  www.beauxartsmagazine.com
  www.lire.fr

- **La liste des expos du moment**

  www.lemondedesarts.com/Exposparisact.htm

- **Quelques sites d'infos culturées qui changent un peu**

  Culture Café : www.culture-cafe.fr/site
  Fluctuat : www.fluctuat.net
  Wow : www.wowmagazine.fr

- **Le Figaroscope avec tous les événements actuels**

  http://scope.lefigaro.fr/guide

- **Les musées et galeries où traîner (liste très courte, mais êtes-vous chiche de tous vous les faire dans l'année ?)**

  http://fondation.cartier.com
  www.palaisdetokyo.com
  www.centrepompidou.fr
  www.facebook.com (le groupe « LA GALERIE CHAPPE »)
  www.jeudepaume.org
  www.galerieperrotin.com
  www.pinacotheque.com
  www.104.fr

- **La carte UGC pour aller au ciné**

  www.ugc.fr (rubrique « cartes UGC illimité »)

- **La Fnac pour acheter des places de concert, et mettre des alertes sur ses groupes préférés**

  www.fnacspectacles.com (rubrique « Spectacles », « Concerts »)

- **Le Fooding pour se tenir au courant de l'actu gastronomique à Paris**

  www.lefooding.com

- **La Fiac et Paris Photo parce que si vous n'y allez pas, vous êtes des parias**

  www.fiac.com
  www.parisphoto.fr

- **Salon du Livre, mon ami**

  www.salondulivreparis.com

- **La carte des bibliothèques de la Ville de Paris**

  www.paris.fr (rubrique « Culture », « Bibliothèque »)

- **Le site de l'INA avec chaque jour une vidéo mythique**

  www.ina.fr

Adresses clubbing

Au bonheur des dames
40, rue de Colisée 75008
www.bonheur-des-dames.com
Bagatelle (bois de Boulogne)
Route de Sèvres à Neuilly 75016
www.institutbonheur.com/bagatelle

BC
40, avenue Pierre-Ier-de-Serbie 75008
www.blackcalavados.com

Chacha
47, rue Berger 75001
www.chachaclub.fr

Chez Moune
54, rue Jean-Baptiste-Pigalle 75009
www.chez-moune.com

Glazart
7/15, avenue de la Porte-de-la-Villette 75019
www.glazart.com

Le Baron
6, avenue Marceau 75008
www.laclique.fr

Montana
28, rue Saint-Benoît 75006

Panic Room
101, rue Amelot 75011

Régine
49, rue de Ponthieu 75008
www.webecome.fr/regine

Saints Pères
10, rue des Saint-Pères 75007

Showcase (rive droite, sous le pont)
Pont Alexandre-III 75008
www.showcase.fr

Social Club
142, rue Montmartre 75002
www.parissocialclub.com

Voilà, vous avez désormais tous les atouts en main pour devenir un(e) parfait(e) Parisien(ne). Bravo, lire cet ouvrage sans avoir envie de le jeter contre le mur a dû vous demander un certain courage. Le mettre en pratique vous en demandera dix fois plus, mais vous apportera aussi de grands moments de joie, c'est promis. Il ne vous reste désormais plus qu'à travailler encore et encore afin de faire partie de l'élite de la France…

… Ou pas.

Bonne chance !

REMERCIEMENTS

Tous les Parisiens qui m'entourent jour et nuit m'ont généreusement donné de quoi nourrir ce livre, mais je tiens à remercier plus particulièrement :

- mes parents jurassiens, qui m'ont fait naître à l'étranger puis élevée de façon provinciale en plein Paris, me rendant ainsi totalement schizophrène ;
- mon chéri, pur produit de l'Alsace, mais portant néanmoins en lui les gènes parisiens les plus puissants de l'univers, tant dans le caractère que dans le style, tel un mutant transrégional ;
- mes informateurs chevronnés, qui ont su m'apporter des idées pertinentes et néanmoins hilarantes, plus particulièrement Corinne L.-D., Arthur de K., Morgane H., Jérémie K., Isabelle N., Élodie J., Maud V., Julien B., Stéphane H., Sophie C., Sophie M., Bertrand C., Adrien M., Françoise F., Pierre-Louis R., Aurélia S., Sandrine C., Clémence C., Vaïnui de C., Nicolas M. ;
- les célébrités locales, qui ont eu la gentillesse de m'accorder du temps et de répondre à mes questions avec sincérité : Arthur H, Nadège Winter, Miss Tic, Yannig Samot, Thomas Lélu, Pauline Lefèvre, Nicolas Ullmann, Bixente Barnetche et Benoît Daragon ;

- les lecteurs du blog www.lesparisiens.net, qui par leur fidélité et leurs gentils mails m'ont fait croire que ce sujet était intéressant, voire drôle ;
- les lecteurs de la première édition de ce livre qui ont acheté tant d'exemplaires que j'ai désormais des chevilles qui ne passent plus les portes ;
- mes éditeurs, qui ont accepté de donner naissance à un projet complètement farfelu en pleine crise financière, puis de le rééditer deux ans plus tard... et encore deux ans plus tard !
- mes enfants, l'un déjà en âge de parader super-looké dans son école parisienne (tout en souriant beaucoup trop souvent pour être un vrai local), l'autre encore en pleine formation dans sa caverne, prenant des notes pour assurer dans la ville le jour de sa naissance.

… Et puis Paris, bien sûr. Ma ville, mon amour.

TABLE DES MATIÈRES

Bien
être

Composition
NORD COMPO

Achevé d'imprimer en Italie
par GRAFICA VENETA
le 2 août 2015

Dépôt légal août 2015
EAN 9782290116968
OTP L21EDDN000797N001

ÉDITIONS J'AI LU
87, quai Panhard-et-Levassor, 75013 Paris
Diffusion France et étranger : Flammarion